NONE OF THESE DISEASES

Chris Oyakhilome

어떤 질병도 없이

크리스 오야킬로메 지음 | Paula Kim 옮김

믿음의말씀사

NONE OF THESE DISEASES
Copyright © LoveWorld Publications
e-mail: cec@christembassy.org
website: www.christembassy.org

2014 / Korean by Word of Faith Company, Korea.
Translated and published by permission. Printed in Korea.

어떤 질병도 없이

1판 1쇄 인쇄일 · 2014년 3월 12일
1판 1쇄 발행일 · 2014년 3월 15일

지은이　크리스 오야킬로메
옮긴이　Paula Kim
표　지　신계령
발행인　최순애
펴낸곳　믿음의 말씀사
2000. 8. 14 등록 제 68호
446-855 경기도 용인시 기흥구 신정로 301번길 59
TEL 031)8005-5483/5493　FAX 031)8005-5485
http://faithbook.kr

ISBN 89-94901-52-3　03230
값 6,000원

본 저작물의 한국어판 저작권은 LoveWorld Publishing와의 독점 협약으로 '믿음의 말씀사'가 소유합니다. 저작권법에 의해 한국 내에서 보호를 받는 저작물이므로 무단 전재와 복제를 금합니다.
본 책에 인용된 성경 구절은 개역개정이며, 예외의 경우에는 따로 표기함.

목차

서문 · 6

01 어떤 질병도 없이 · 9
02 질병은 어디에서 왔는가? · 15
03 십자가의 신비 · 23
04 건강하도록 재창조되다 · 37
05 피의 생명인가, 영의 생명인가? · 53
06 인간의 몸에 끼친 조에 생명의 영향력 · 63
07 당신이 원하시면 · 71
08 그리스도인이 병에 걸리는 이유 · 93
09 의 의식 · 109
10 치유에 이르는 단계 · 123
11 예수 이름 안에 있는 권세 · 139
12 예수의 이름을 사용하기 · 155
13 질병에 대한 통치권 · 163
14 하나님의 말씀의 영향력 · 177

서문
Foreword

하나님께서는 그분의 백성이 건강하기를 원하십니다. 성경 첫 대목부터 이것은 아주 명백합니다. 하나님께서는 당신이 건강하기를 원하십니다. 하나님께서는 요한삼서 1:2에서 "사랑하는 자여 네 영혼이 잘됨 같이 네가 범사에 잘되고 강건하기를 내가 간구하노라"라고 말씀하셨습니다. 하나님께서는 당신의 영·혼·육 모두가 번영하기를 갈망하십니다. 하나님께서는 당신을 통해서 당신의 세계를 축복하고, 그들에게 구원과 치유와 건강을 가져다주기를 갈망하십니다.

당신이 누구이며 어떤 삶의 상태에 처해 있든지 이 책에는 당신을 위한 메시지가 있습니다. 나는 다음의 기도와 함께 이 책을 당신에게 전합니다.

"이 책에 담긴 말씀이 그리스도 안에서 당신이 누구인지에 대한 실재를 향해 당신의 눈을 열어주기를 바라며,

질병의 고통을 해소하고 두려움의 멍에를 분쇄하고, 하나님께서 그분의 자녀들을 위해 예비하신 번영하고 건강한 삶으로 당신을 해방시켜주기를 빕니다. 또한 그분의 강력한 이름으로 당신이 병든 자들의 치유자가 되게 하시기를 빕니다.

당신이 병들었고 침대에 누워있다면, 의학이 당신을 포기했다면, 오! 나는 이 책에 있는 말씀이 당신의 영 안에서 믿음을 불러일으켜, 당신으로 하여금 일어나 당신의 침대를 들고 걸어가게 하기를 기도합니다!"

이 책은 당신 안에서 그리고 당신 주변에 기적의 분위기를 불러일으킬 것입니다.

1998년 3월

크리스 오야킬로메

01
어떤 질병도 없이
None of These Diseases

출 15:25-26
모세가 여호와께 부르짖었더니 여호와께서 그에게 한 나무를 가리키시니 그가 물에 던지니 물이 달게 되었더라 거기서 여호와께서 그들을 위하여 법도와 율례를 정하시고 그들을 시험하실새 이르시되 너희가 너희 하나님 나 여호와의 말을 들어 순종하고 내가 보기에 의를 행하며 내 계명에 귀를 기울이며 내 모든 규례를 지키면 내가 애굽 사람에게 내린 모든 질병 중 하나도 너희에게 내리지 아니하리니 나는 너희를 치료하는 여호와임이라

하나님께서는 므리바의 물에서 이스라엘의 자손들에게 자신에 대한 계시를 주셨습니다. 이때까지 이스라엘의 자손들은 하나님을 엘 샤다이El Shaddai와 여호와Jehovah로

만 알았습니다. 그러나 바로 이곳에서, 하나님께서는 이스라엘의 자손들에게 자신을 여호와 라파Jehovah Rapha, 즉 그들의 치유자이신 여호와로 계시하십니다. 이 특별한 계시가 당시에 얼마나 큰 위안이 되었는지요. 이스라엘의 자손들은 쓴 물만 있고 마실 물이 없는 장소에 이르렀습니다. 그래서 그들은 하나님께 불평해댔습니다. 하지만 하나님께서는 그들의 불신앙 앞에서도 자비가 충만하셔서, 그들이 하나님의 말씀에 귀를 기울이고 그분의 규례를 지키면 애굽인들을 치셨던 모든 악한 질병 중 하나라도 그들에게 내리지 않겠다고 말씀하셨습니다.

여기에서 하나님께서는 그분의 백성과 나머지 세상 사람들을 구분하십니다. 하나님의 백성에게는 어떤 질병도 임하지 않았습니다. 하나님께서는 그들을 따로 분리해두고 계셨습니다. 그들이 하나님의 음성에 귀를 기울이고 그분을 섬기기만 한다면, 어떤 질병도 그들의 몸을 괴롭힐만한 능력을 갖지 못할 것입니다. 여기에서 주목할 것은 하나님께서 이것을 옛 언약의 백성에게 말씀하셨다는 사실입니다. 그들은 그분과 오직 여호와 하나님으로서만 관계를 가졌지만, 이 관계만으로도 질병에 대한 면역력을 갖고 "무병인disease-free"이 되기에 충분했습니다. 그들은 단지 하나님을 섬기는 법을 배우기만 하면 되었습니다.

타락으로 인해 인간은 질병 및 모든 악한 것 아래 들어가게 되었습니다. 사실 마귀는 무엇이든 하고 싶은 대로 사람들을 괴롭힐 수 있는 합법적인 권리를 가지고 있었습니다. 그러나 하나님께서는 하나님의 백성이 그분께 귀를 기울이고 옳은 일을 하기만 한다면 어떤 질병도 그들을 괴롭히도록 허락하지 않을 것이라고 말씀하셨습니다. 하나님은 충분하고도 넘치는 분이십니다. 하나님께서는 아브라함에게 "나는 엘 샤다이다."라고 말씀하셨습니다. 그분은 사람의 모든 필요를 충분히 채우십니다. 또한 그분은 당신이 요구하는 모든 것을 만족시키십니다. 필요는 언제나 하나님에 대한 새로운 계시를 가져옵니다. 인간이 병의 영향력 아래 있던 이 경우에, 하나님께서는 자신을 "나는 너희를 치료하는 여호와임이라."라고 계시하셨습니다. 얼마나 아름다운지요!

출 23:25
네 하나님 여호와를 섬기라 그리하면 여호와가 너희의 양식과 물에 복을 내리고 너희 중에서 병을 제하리니

그들이 그분을 섬기기만 하면, 그분께서는 그들의 양식과 그들의 물을 축복하실 것이며, 그들 가운데서 질병을 제하실 것입니다. 지옥에는 그들에게 질병을 내릴만한 충분한 힘이 없을 것입니다.

그러나 먼저 그들이 하나님을 섬기고, 하나님을 경배해야 했다는 사실을 알아채셨습니까? 치유에 앞서 섬김과 경배가 옵니다. 병을 고칠 수 있을 뿐만 아니라 자신의 약속을 기꺼이 성취하신다는 것을 입증하기 위해서, 하나님께서는 자신의 말씀에 의해 그들을 여러 번 고치셨고, 그들 가운데는 약한 사람이 한 사람도 없었습니다.

시 105:37
마침내 그들을 인도하여 은 금을 가지고 나오게 하시니 그의 지파 중에 비틀거리는 자가 하나도 없었도다

시 107:20
그가 그의 말씀을 보내어 그들을 고치시고 위험한 지경에서 건지시는도다

어떤 질병도 없이

신 28:27-28
여호와께서 애굽의 종기와 치질과 괴혈병과 피부병으로 너를 치시리니 네가 치유 받지 못할 것이며 여호와께서 또 너를 미치는 것과 눈 머는 것과 정신병으로 치시리니

확대번역(AMP) 성경은 위 구절을 이렇게 해석합니다. "주께서는 이집트의 부스럼과 종양과 괴혈병과 가려움증으로 너를 치시리니 너는 치유 받을 수 없을 것이다. 주께서는 너를 미치는 것과 눈 머는 것과 심령(과 정신)의 낙담으로 치시리라."

이 성경구절에서 하나님께서는 그들이 마땅히 해야 하는 대로 하나님께 귀를 기울이지 않고 하나님을 섬기지 않는다면, 여러 종류의 질병이 그들에게 내려질 것이라고 말씀하셨습니다. 그러나 하나님께서는 그들이 그분께 순종하고 그분을 섬기기만 한다면, 이런 부스럼과 종기와 괴혈병이 그들에게 내려지지 않으리라는 것도 약속하셨습니다.

이것은 아직 거듭나지 않은 구약의 백성을 위한 것이었습니다. 그들은 하나님의 약속을 누리기 위해, 순종이라는 조건을 만족시켜야만 했습니다. 그러나 새 언약에 속한 우리의 경우는 다릅니다. 우리는 더 나은 약속에 근거한 더 나은 언약을 가지고 있습니다. 이는 더 나은 중재자와 더 훌륭한 희생제물이 있는 언약입니다. 우리는 하나님께 순종하라는 말을 듣지 않습니다. 우리는 이미 그분의 순종의 자녀입니다. 하나님께서 구약의 백성이 건강한 "무병인"이 되기를 원하셨다면, 그분의 보혈로 사신 우리는 얼마나 더 그러기를 원하시겠습니까!

02

질병은 어디에서 왔는가?
Where Did Sickness Come From?

질병이 어디에서 왔을까요? 하나님께서 질병을 창조하셨을까요? 하나님께서 병균을 창조하셨을까요? 어떤 사람들은 어쨌거나 하나님께서 이 모든 것들을 창조하셨다고 말합니다. 매우 많은 사람들이 하나님에 대해 이런 질문을 제기하며, 많은 그리스도인들이 하나님께서 질병으로 처벌하시고 교정하신다고 믿습니다.

당신은 다른 무엇보다 이 사실을 이해해야만 합니다. 하나님께서는 당신이 건강하기를 원하십니다. 하나님께서는 질병의 창시자가 아니시며, 당신이 좋은 건강 가운데 있기를 원하십니다.

약 1:17
온갖 좋은 은사와 온전한 선물이 다 위로부터 빛들의

아버지께로부터 내려오나니 그는 변함도 없으시고 회전하는 그림자도 없으시니라

하나님으로부터는 오직 좋고 온전한 선물만 옵니다. 질병은 좋은 선물이 아닙니다. 부족함은 좋은 선물이 아닙니다. 질병은 파괴하지만, 하나님께서는 파괴하지 않으십니다. 질병은 멸망시키는 자로부터 오는 것입니다.

질병은 죽음의 시초입니다. 그래서 성경은 죽음을 "원수"(고전 15:26)라고 부릅니다.

하나님께서는 원수의 도구를 가지고 자녀를 벌하지 않으십니다. 질병은 가정을 파괴할 수 있습니다. 혈루증에 걸린 여인의 경우처럼(마 9:20), 질병은 전 재산을 허비하여 가난하게 만들 수도 있습니다. 하나님께서는 자녀에게 그런 "선물"을 주지 않으십니다.

나는 죽음이 한 가족을 사로잡을 때 하나님의 심정이 어떤지 당신이 알기를 바랍니다. 시편기자는 이렇게 말했습니다. "그의 경건한 자들의 죽음은 여호와께서 보시기에 귀중한 것이로다"(시 116:15)

질병 – 타락의 유산

에덴동산에 사람을 창조하신 후에, 하나님께서는 그분

이 손으로 지으신 모든 것들에 대한 통치권을 사람에게 주셨습니다. 하나님께서는 아담에게 동산 가운데 있는 나무만 제외하면 동산 안에 있는 것은 무엇이든 먹을 수 있다고 말씀하셨습니다.

> 창 2:16-17
> 여호와 하나님이 그 사람에게 명하여 이르시되 동산 각종 나무의 열매는 네가 임의로 먹되 선악을 알게 하는 나무의 열매는 먹지 말라 네가 먹는 날에는 반드시 죽으리라 하시니라

하나님께서는 아담에게 "네가 먹는 날에는 반드시 죽으리라"라고 말씀하셨습니다.

이는 생명의 중단인 육체적 죽음 이상의 것이었습니다. 왜냐하면 그 나무로부터 나는 것을 먹은 후에도 아담은 육체적으로 즉시 죽지 않았기 때문입니다. 이 구절이 주로 뜻하는 바는 하나님으로부터의 분리이자 하나님과의 교제의 단절인 "영적인 죽음"이었습니다. 따라서 하나님의 지시에 불순종하여 그 나무에서 나는 것을 먹은 그날, 아담은 영적으로 죽었고 그렇게 되고 난 후에야 육체적으로 죽을 수 있었습니다. 아담은 하나님으로부터 단절되었습니다. 즉 그의 영이 죽은 것입니다.

인간은 영spirit이며, 자신의 삶과 행동과 이성과 감정을 통제하는 혼soul을 가지고서, 몸body 안에 살고 있습니다(살전 5:23). 몸은 인간의 집입니다. 불순종으로 인해서 죄가 인간 영에 대한 지배권을 획득했으며, 또한 죄로 인해서 두려움이 인간을 사로잡았습니다. 인간의 혼은 타락했고, 인간은 하나님으로부터 단절되었습니다. 인간의 이성 작용은 바뀌었습니다. 인간은 전에 자신이 다스렸던 피조물들을 이제는 두려워하게 되었습니다.

인간은 하나님과의 교제에서 단절되었습니다. 이제 인간은 새로운 주인인 마귀의 본성을 갖게 되었기 때문입니다. 죽음이 자신의 무리들과 더불어 인간에게 들어왔고, 그중 하나가 죽음의 시초인 질병입니다. 결국 질병은 첫째 아담이 죄를 범한 결과 인간에게 온 것입니다.

그렇습니다, 하나님께서 박테리아와 바이러스를 창조하셨습니다. 모기도 마찬가지입니다. 그러나 모기는 절대로 피를 빨도록 지어지지 않았습니다. 하나님께서는 모든 곤충이 과즙을 빨도록 지으셨으며, 박테리아와 바이러스 세포도 누군가에게 질병을 옮기도록 지어지지 않았습니다. 그러나 인간이 타락한 후 마귀는 인간의 통치권을 훔치고 피조물들에게 죽음, 즉 저주받은 삶을 불어넣었습니다. 그렇기 때문에 마귀의 권세 아래 있는 자들은 아직까지도 그것들에 의해 해를 입는 것입니다.

죽음의 지배

인간은 영적으로 죽었고, 바로 그때로부터 죽음이 인간을 지배했습니다.

> 롬 5:12, 14, 17, 21
> 그러므로 한 사람으로 말미암아 죄가 세상에 들어오고 죄로 말미암아 사망이 들어왔나니 이와 같이 모든 사람이 죄를 지었으므로 사망이 모든 사람에게 이르렀느니라 … 그러나 아담으로부터 모세까지 아담의 범죄와 같은 죄를 짓지 아니한 자들까지도 사망이 왕 노릇 하였나니 아담은 오실 자의 모형이라 … 한 사람의 범죄로 말미암아 사망이 그 한 사람을 통하여 왕 노릇 하였은즉 더욱 은혜와 의의 선물을 넘치게 받는 자들은 한 분 예수 그리스도를 통하여 생명 안에서 왕 노릇 하리로다 … 이는 죄가 사망 안에서 왕 노릇 한 것 같이 은혜도 또한 의로 말미암아 왕 노릇 하여 우리 주 예수 그리스도로 말미암아 영생에 이르게 하려 함이라

한 사람의 죄로 말미암아 죽음이 모든 사람 위에 군림하였습니다. 죽음은 모든 사람에 대한 통치권을 획득하였고, 아담으로부터 예수님에 이르기까지 죄가 인간의

영에 대한 통치권을 획득했습니다. 그 결과, 질병이 들어와서 인간에게 육체적 죽음을 가져왔습니다. 따라서 죄와 질병의 군림은 인간의 영으로부터 시작되어 인간의 몸에 이르며, 이제 인간의 몸은 죽음을 경험할 수 있게 되었습니다.

그러나 당신이 거듭났다면, 마음을 놓아도 됩니다. 왜냐하면 죽음이 더 이상 당신을 다스리지 못하기 때문입니다.

롬 5:16-21
또 이 선물은 범죄한 한 사람으로 말미암은 것과 같지 아니하니 심판은 한 사람으로 말미암아 정죄에 이르렀으나 은사는 많은 범죄로 말미암아 의롭다 하심에 이름이니라 한 사람의 범죄로 말미암아 사망이 그 한 사람을 통하여 왕 노릇 하였은즉 더욱 은혜와 의의 선물을 넘치게 받는 자들은 한 분 예수 그리스도를 통하여 생명 안에서 왕 노릇 하리로다 그런즉 한 범죄로 많은 사람이 정죄에 이른 것 같이 한 의로운 행위로 말미암아 많은 사람이 의롭다 하심을 받아 생명에 이르렀느니라 한 사람이 순종하지 아니함으로 많은 사람이 죄인 된 것 같이 한 사람이 순종하심으로 많은 사람이 의인이 되리라 율법이 들어온 것은 범죄를 더하게 하려 함이라 그러나 죄가 더한 곳에 은혜가 더욱 넘쳤나니 이는 죄가 사망 안에서 왕 노릇 한 것 같이 은혜도 또한 의로 말

미암아 왕 노릇 하여 우리 주 예수 그리스도로 말미암아 영생에 이르게 하려 함이라

주님을 찬양합니다! 예수님께서 우리를 위해 획득하신 속량으로 말미암아, 넘치는 의의 선물이 생명에 이르도록 우리에게 임하였습니다. 우리에 대한 죄와 질병의 군림은 끝났고, 이는 병의 지배도 마찬가지입니다. 그러므로 우리는 애굽인들을 괴롭혔던 질병이나 또는 사람을 괴롭히는 다른 어떤 질병에 의해서도 고통을 당해서는 안 됩니다.

03

십자가의 신비

The Mystery of The Cross

당신은 예수님께서 십자가에서 당신을 위해 무엇을 하셨는지에 대해 생각해 본 적이 있습니까? 예수님께서 하신 일은 인간의 이해를 초월한 것이었습니다. 예수님의 제자들은 예수님께서 왜 죽으시는지 알지 못했습니다. 그들은 십자가의 신비를 이해하지 못했습니다. 그들은 예수님께서 죽으셔야만 한다는 사실을 알지 못했을 뿐 아니라, 심지어 예수님께서 죽는 것을 원하지도 않았습니다.

그들은 예수님께서 우리를 위해 무슨 일을 하고 있으셨는지 알지 못했습니다. 그리고 이는 오늘날에도 마찬가지입니다. 우리가 "예수님께서 우리를 위해 죽으셨습니다."라고 말할 때, 많은 사람들은 그 의미를 제대로 알지 못합니다. 그들은 예수님께서 십자가에서 육체적으로 어떻게 죽으셨는지에 대해 말하고 있다고 생각합니다. 그러나 예수님의 죽음은 그 이상을 의미합니다.

비록 나머지 세상 사람들에게는 그것이 수치의 자리였을지라도, 우리에게 있어 십자가는 아주 많은 것을 의미합니다.

고전 1:18 (한글킹제임스)
십자가를 전파하는 것이 멸망하는 자들에게는 어리석은 것이지만 구원을 받은 우리에게는 하나님의 능력이라

이스라엘 백성이나 심지어 로마인이라도 이 지혜를 알았더라면 그들은 예수님을 십자가에 못 박지 않았을 것입니다.

고전 2:7-8
오직 은밀한 가운데 있는 하나님의 지혜를 말하는 것으로서 곧 감추어졌던 것인데 하나님이 우리의 영광을 위하여 만세 전에 미리 정하신 것이라 이 지혜는 이 세대의 통치자들이 한 사람도 알지 못하였나니 만일 알았더라면 영광의 주를 십자가에 못 박지 아니하였으리라

그렇다면 십자가에서 무슨 일이 일어났을까요?

놋뱀

요 3:14-15
모세가 광야에서 뱀을 든 것 같이 인자도 들려야 하리니 이는 그를 믿는 자마다 영생을 얻게 하려 하심이니라

예수님께서는 밤중에 그분을 만나러 온 바리새인 니고데모에게 이 중요한 진술을 하셨습니다. 이는 명백히 예수님께서 십자가에서 들려지는 것을 가리킵니다.
예수님께서는 왜 스스로를 하나님께서 모세에게 만들라고 지시하셨던 놋뱀에 비유하셨을까요?

민 21:5-9
백성이 하나님과 모세를 향하여 원망하되 어찌하여 우리를 애굽에서 인도해 내어 이 광야에서 죽게 하는가 이 곳에는 먹을 것도 없고 물도 없도다 우리 마음이 이 하찮은 음식을 싫어하노라 하매 여호와께서 불뱀들을 백성 중에 보내어 백성을 물게 하시므로 이스라엘 백성 중에 죽은 자가 많은지라 백성이 모세에게 이르러 말하되 우리가 여호와와 당신을 향하여 원망함으로 범죄하였사오니 여호와께 기도하여 이 뱀들을 우리에게서 떠나게 하소서 모세가 백성을 위하여 기도하매 여호와께서

모세에게 이르시되 불뱀을 만들어 장대 위에 매달아라 물린 자마다 그것을 보면 살리라 모세가 놋뱀을 만들어 장대 위에 다니 뱀에게 물린 자가 놋뱀을 쳐다본즉 모두 살더라

이스라엘의 자손들은 불평함으로써 하나님께 죄를 지었습니다. 이로 인해 하나님께서는 그들 가운데 불뱀들을 보내셨습니다. 그들이 회개하면서 모세에게 부르짖자, 하나님께서는 모세에게 놋쇠로 불뱀을 만들어 장대에 매달아 두라고 지시하시고 뱀에게 물린 누구든지 놋뱀을 보면 살 수 있게 하셨습니다.

성경학자들은 성경에서 놋쇠가 심판을 상징한다는 점에 동의합니다. 따라서 놋뱀은 그들의 죄가 심판받았음을 가리키는 것이었습니다. 그리고 그들이 해야 할 일은 오직 그 놋뱀을 쳐다봄으로써 이 대속을 받아들이는 것이었습니다. 그러면 그들은 죽지 않고 살았습니다.

이 놋뱀은 실로 그리스도의 모형이었습니다. 즉 십자가 위에서 그리스도의 죽으심을 미리 보여주는 것이었습니다.

그러므로 예수님께서 요한복음 3:14-15에서 니고데모에게 "모세가 광야에서 뱀을 든 것 같이 인자도 들려야 하리니 이는 그를 믿는 자마다 영생을 얻게 하려 하심이니

라"라고 말씀하셨던 것은, 예수님이 우리를 위해 심판을 받으신다는 뜻이었습니다. 우리의 죄가 예수님께 놓임으로 인해, 우리도 이스라엘의 자손들처럼 멸망하지 않고 하나님의 생명을 얻고 살게 되었던 것입니다.

오! 이 얼마나 대단한 은혜인지요! 십자가에서 예수님께서는 우리를 위해 죄가 되시고 우리를 위해 심판을 받으셨습니다.

고후 5:21
하나님이 죄를 알지도 못하신 이를 우리를 대신하여 죄로 삼으신 것은 우리로 하여금 그 안에서 하나님의 의가 되게 하려 하심이라

예수님 – 우리의 속죄염소

레 16:8, 20-23
두 염소를 위하여 제비 뽑되 한 제비는 여호와를 위하고 한 제비는 아사셀the scapegoat;속죄염소을 위하여 할지며 … 그 지성소와 회막과 제단을 위하여 속죄하기를 마친 후에 살아 있는 염소를 드리되 아론은 그의 두 손으로 살아 있는 염소의 머리에 안수하여 이스라엘 자손의 모든 불의와 그 범한 모든 죄를 아뢰고 그 죄를 염소의 머리에

두어 미리 정한 사람에게 맡겨 광야로 보낼지니 염소가 그들의 모든 불의를 지고 접근하기 어려운 땅에 이르거든 그는 그 염소를 광야에 놓을지니라 아론은 회막에 들어가서 지성소에 들어갈 때에 입었던 세마포 옷을 벗어 거기 두고

해마다 한 차례씩, 특별히 일곱째 달 제십일에, 하나님께서는 대제사장에게 이스라엘 자손들의 죄를 위하여 속죄하라고 지시하셨습니다(레 16:29-31). 대제사장은 염소 두 마리를 골라야 했습니다. 한 마리는 속죄제물이 되는 것이었고, 다른 한 마리는 속죄염소였습니다. 속죄제물을 죽여서 그 피를 휘장 안에 드린 후에, 대제사장은 속죄염소를 가져와서 그 머리 위에 이스라엘 자손들의 모든 죄악을 고백했습니다. 이는 내년까지 남은 기간 동안 그들의 죄가 덮여서 그 죄로 인해 그들이 심판을 받지 않도록 하기 위함이었습니다.

그런 다음, 속죄염소는 적합한 한 사람의 손에 이끌려서 사람이 살지 않는 땅인 광야로 보내졌습니다. 그 속죄염소의 머리에는 사람들의 죄가 얹어졌습니다.

이 속죄염소는 사실 우리를 위해 자기 자신을 희생 제물로 드리신 그리스도의 모형이었습니다. 그러나 예수님의 경우에는, 이스라엘의 자손들만이 아니라 모든 곳에 있는

모든 사람들을 위해 죽으신 희생 제물이셨습니다.

예수님께서 죽음에 이르시기까지 배반당하시고 체포되어 사형 선고를 받으셨던 것들을 잘 생각해 보면, 왜 유대인뿐 아니라 이방인도 예수님을 자신의 죄를 위한 희생 제물이라고 주장할 수 있는지 더 잘 이해하게 될 것입니다.

예수님께서는 예루살렘으로 가시면서 제자들에게 말씀하셨습니다. "보라 우리가 예루살렘으로 올라가노니 인자가 대제사장들과 서기관들에게 넘겨지매 그들이 죽이기로 결의하고 이방인들에게 넘겨 주어 그를 조롱하며 채찍질하며 십자가에 못 박게 할 것이나 제삼일에 살아나리라" (마 20:18-19)

병사들은 예수님을 체포한 후에, 일찍이 온 민족이 멸망하기보다는 한 사람이 죽는 것이 더 낫다고 예언했던 대제사장 가야바에게 끌고 갔습니다.

요 11:49-52
그 중의 한 사람 그 해의 대제사장인 가야바가 그들에게 말하되 너희가 아무 것도 알지 못하는도다 한 사람이 백성을 위하여 죽어서 온 민족이 망하지 않게 되는 것이 너희에게 유익한 줄을 생각하지 아니하는도다 하였으니 이 말은 스스로 함이 아니요 그 해의 대제사장이므로 예수께서 그 민족을 위하시고 또 그 민족만 위할 뿐 아니라 흩어진 하나님의 자녀를 모아 하나가 되게 하기 위하여 죽으실 것을 미리 말함이러라

가야바의 집에서 예수님께서는 사형선고를 받으셨습니다. 이는 예수님께서 유대인을 위해 죽으신다는 뜻이었습니다. 그런 후에 예수님께서는 본디오 빌라도의 집에 있는 심판장으로 끌려가셨고, 결국 빌라도는 예수님을 유대인에게 넘겨주어 조롱하고 십자가에 못 박도록 했습니다(요 19장). 이는 예수님께서 이방인을 위해서도 십자가에 못 박히셨다는 뜻입니다.

그런 다음 예수님께서는 로마 병사들에 의해서 갈보리로 끌려가셨고, 거기에서 온 세상의 죄를 지고 십자가에 못 박히셨습니다. 그러나 그들은 이 사실을 알지 못했습니다. 그들은 예수님께서 대제사장과 본디오 빌라도를 통하여 우리를 위한 속죄염소가 되셨으며 영원히 우리의 죄들을 가져가셨다는 사실을 온전히 깨닫지 못했습니다. 그리고 하나님의 계획에서 세상의 죄들을 제거하는 것이 가능했다면, 죄의 결과도 영원히 제거될 수 있습니다.

앞에서 이미 보았듯이 질병은 죄의 결과로 온 것입니다. 그런데 예수님께서 죄를 위해 죽으심으로 말미암아 죄의 결과 또한 영원히 제거될 수 있었습니다.

예수님께서는 두 가지의 죽음을 죽으셨다

사 53:9 (한글킹제임스)
그가 악한 자들과 더불어 자기의 무덤을 마련하였으며 그의 죽음을 부자와 함께 마련하였으니 이는 그가 폭력을 행사하지 않았고 그의 입에는 속임수가 없었기 때문이라

이 성경구절에서 '죽음'이라는 단어는 반드시 "죽음들 deaths"이라고 읽어야 합니다. 왜냐하면 여기에서 '죽음'이라고 번역된 히브리어가 사실 복수형이었기 때문입니다. 예수님께서는 실제로 십자가에서 두 가지의 죽음을 죽으셨습니다. 예수님은 먼저 영적으로 죽으셨고, 그 다음에 육체적으로 죽으셨습니다. 예수님께서 먼저 영적으로 죽지 않으셨다면, 로마병사들이 무슨 짓을 했더라도 결코 그 육체가 죽지 않으셨을 것입니다. 그렇다면 예수님께서는 어떻게 영적으로 죽으셨을까요?

어떤 그리스도인들은 십자가에서 죽으시는 예수님에 대해 생각할 때 정말로 울부짖습니다. 그들은 그리도 선하신 분께서 죽임을 당했다는 사실에 슬픔을 느낍니다. 그러나 이는 참으로 애석한 일입니다. 왜냐하면 그들은 예수님께서 십자가에서 우리를 위해 무엇을 하셨는지에 대해 무지하기 때문입니다. 예수님께서 죽으신 것으로 인해 하나님

께 감사드립니다! 예수님께서 십자가에서 죽으신 것으로 인해 하나님께 감사드립니다. 예수님께서는 자신의 죽음을 통해 우리를 하나님과 하나가 되게 하셨습니다.

예수님께서는 우리를 위해 죄가 되셨다

> 고후 5:21
> 하나님이 죄를 알지도 못하신 이를 우리를 대신하여 죄로 삼으신 것은 우리로 하여금 그 안에서 하나님의 의가 되게 하려 하심이라

십자가 바로 그 자리에서 온 세상의 죄가 예수님께 얹어졌습니다. 사람은 죄를 지었지만, 스스로를 속량할 수는 없었습니다. 인간에게는 자기를 위해 값을 치를 누군가가 필요했습니다. 그래서 하나님께서는 피 흘림이 없이는 죄사함이 없다고 선포하셨던 것입니다(레 17:11, 히 9:22).

인간이 자신의 죄를 사함 받기 위해서는 신성한 피가 필요했습니다. 이러한 인간의 필요에 응답하기 위해서 하나님께서는 그분의 아들을 주셔서(롬 4:25), 모든 이를 위해 죽음을 맛보게 하셨고, 그리하여 우리는 더 이상 죽음에 대한 두려움의 속박 아래 있지 않게 되었습니다(히 2:9, 14). 이로 인해서 아버지께서는 자신의 아들에게 등을 돌리셨

고, 그 아들은 "나의 하나님, 나의 하나님, 어찌하여 나를 버리셨나이까?"(막 15:34)라고 부르짖으셨습니다. 세상이 시작된 이후부터 구약시대를 통과하여 시대의 끝에 이르기까지, 그간 저질러진 모든 허물이 예수님께 얹어졌습니다 (사 53:5, 7, 롬 3:25).

그 십자가에서 우리의 죄들과 질병이 예수님께 얹어졌습니다. 예수님의 모습은 너무도 손상되어서, 사람들은 그분을 쳐다볼 수조차 없었습니다.

사 53:2-3
그는 주 앞에서 자라나기를 연한 순 같고 마른 땅에서 나온 뿌리 같아서 고운 모양도 없고 풍채도 없은즉 우리가 보기에 흠모할 만한 아름다운 것이 없도다 그는 멸시를 받아 사람들에게 버림 받았으며 간고를 많이 겪었으며 질고를 아는 자라 마치 사람들이 그에게서 얼굴을 가리는 것 같이 멸시를 당하였고 우리도 그를 귀히 여기지 아니하였도다

상상할 수 있는 모든 질병이 예수님께 얹어졌고, 그로 인해 예수님께서는 그것들을 제거하실 수 있었으며, 또한 우리는 다시는 그 질병으로 인해 고통 받을 필요가 없게 되었습니다. "그는 실로 우리의 질고를 지고 우리의 슬픔

을 당하였거늘 우리는 생각하기를 그는 징벌을 받아 하나님께 맞으며 고난을 당한다 하였노라"(사 53:4)

성경은 하나님은 거룩하시며, 죄를 보지도 못하신다고 말씀합니다.

> 합 1:13
> 주께서는 눈이 정결하시므로 악을 차마 보지 못하시며 패역을 차마 보지 못하시거늘 어찌하여 거짓된 자들을 방관하시며 악인이 자기보다 의로운 사람을 삼키는데도 잠잠하시나이까

그래서 아버지께서는 예수님에게서 등을 돌리신 것이며, 그때가 바로 예수님께서 영적으로 죽으신 때입니다.

예수님은 우리를 위해 지옥에 가셨다

예수님께서는 십자가에서 죽으신 후에 지옥으로 가셨습니다. 그리고 지옥에 있는 동안 그분은 정사들과 권세들과 맞붙어 싸우시어 그들을 던져버리셨습니다. 정사들과 권세들은 예수님과 겨루어서 쓰러뜨려 버리려고 했지만, 공의의 요구가 만족되자 예수님께서는 그들 모두를 떨쳐버리셨습니다. 그리고 예수님께서는 하나님의 능력

으로 말미암아 무덤에서 일어나셨습니다. 공의의 요구가 충족되고 예수님께서 죽은 자들로부터 일어나셨을 때, 우리도 의롭게 되고 무죄 판결을 받았습니다. 그래서 우리는 예수님께서 우리를 위해 죽으신 것에 대해 기쁘다고 말할 수 있는 것입니다.

롬 4:25
예수는 우리가 범죄한 것 때문에 내줌이 되고 또한 우리를 의롭다 하시기 위하여 살아나셨느니라

예수님의 피의 제사는 단 한 번 이루어져서 영원히 받아들여졌습니다. 히브리서 9:26은 "그리하면 그가 세상을 창조한 때부터 자주 고난을 받았어야 할 것이로되 이제 자기를 단번에 제물로 드려 죄를 없이 하시려고 세상 끝에 나타나셨느니라"라고 말씀합니다.

예수님의 희생은 적절했습니다. 그것은 완벽했고, 충분했습니다! 더 이상 거기에 덧붙일 것은 전혀 없습니다.

예수님은 100% 인간이시자 100% 하나님으로서, 하나님과 사람 사이의 완벽한 중재자이십니다. 예수님께서 값을 치르셨을 때, 우리도 그분 안에서 값을 치렀습니다. 우리는 신성한 생명을 받을 자격을 갖추게 되었고, 하나님께서는 그분의 생명을 우리 영 안에 부어주셨습니다.

우리의 죄를 깨끗이 씻는데 효력이 있었던 그 희생은, 우리 삶을 지배하는 질병의 능력을 파괴하는데도 마찬가지로 효력이 있었습니다.

사 53:5
그가 찔림은 우리의 허물 때문이요 그가 상함은 우리의 죄악 때문이라 그가 징계를 받으므로 우리는 평화를 누리고 그가 채찍에 맞으므로 우리는 나음을 받았도다

예수님께서는 우리의 허물로 인해 상처를 입었던 것과 똑같은 방식으로, 우리의 질병으로 인해 상처를 받으셨습니다.
제가 말하려는 것이 무엇인지 아시겠습니까? 당신은 다시는 아플 필요가 없습니다. 물론 마귀는 당신의 몸을 괴롭히고 싶어 하겠지요. 하지만 당신이 말씀 위에 설 때 마귀는 당신에게서 도망칠 것입니다.

04

건강하도록 재창조되다
Recreated for Health

당신은 자신이 그리스도 안에서 누구인지를 반드시 알아야 합니다. 당신이 누구인지에 대한 지식이 있어야, 하나님께서 당신이 어떤 존재가 되도록 지으셨는지에 따라 행할 수 있는 담대함도 함께 올 것입니다. 당신이 누구인지를 이해해야, 왜 당신이 항상 건강 안에서 살 수 있는지, 또한 마귀가 질병을 가지고 당신의 몸을 괴롭히려 할 때 당신이 왜 안 된다고 말할 수 있는지 그 이유를 깨닫게 될 것입니다.

신약 성경의 마태, 마가, 누가, 요한복음은 단순히 예수님의 일대기가 아니라, 인간으로 오신 예수님에 대한 계시입니다. 사복음서를 끝까지 읽고 나면 당신은 예수 그리스도를 하나님의 아들로 아는 지식에 이르게 될 것입니다.

그리스도의 기록된 삶은 복음서들 안에 잘 문서화되어 있으며, 이들은 하나님의 말씀이 육신이 되셔서 우리 가운데 거하셨음을 계시합니다(요 1:14). 복음서를 통해 당신은 예수님에 대한 계시를 발견하지 않을 수 없습니다.

서신서로 들어가면 우리는 또 다른 인간에 대한 계시를 얻게 됩니다. 이는 바로 새로운 피조물의 계시입니다. 서신서는 단순히 "교회에 보내는 바울의 편지" 이상의 것입니다. 바울이 편지를 쓰는 동안, 성령님께서 그의 손을 사로잡으셔서 어떤 인간, 즉 그리스도 안에서 새로운 피조물 new creation에 대한 계시를 나타내셨습니다. 당신은 바로 그 새로운 피조물입니다.

당신이 누구인지 일찍 이해하면 할수록, 당신의 삶은 더욱 영광스럽게 될 것입니다.

당신은 아버지와 아들과 성령과 하나다

요일 3:1-2
보라 아버지께서 어떠한 사랑을 우리에게 베푸사 하나님의 자녀라 일컬음을 받게 하셨는가, 우리가 그러하도다 그러므로 세상이 우리를 알지 못함은 그를 알지 못함이라 사랑하는 자들아 우리가 지금은 하나님의 자녀라 장래에 어떻게 될지는 아직 나타나지 아니하였으나 그가 나타나시면 우리가 그와 같을 줄을 아는 것은 그의 참모습 그대로 볼 것이기 때문이니

사도나 복음 전도자만이 아니라, 거듭난 우리 모두는 이제 하나님의 진짜 자녀입니다. 나는 당신이 다음의 질문을 숙고하기를 원합니다. "태어난 지 겨우 사흘이 된 아기는 완전한 사람입니까, 아니면 더 자라면서 인간이 되어가는 것입니까?" 당신은 그 아이는 이미 완전한 인간이며, 인간성이 자라고 있는 중이 아니라고 쉽게 말할 수 있을 것입니다. 그런데 우리는 하나님과 관련해서는 왜 그렇게 생각하지 않는 것일까요? 성경은 "우리가 지금은 하나님의 자녀라!"라고 말씀합니다. 우리가 하늘에 갔을 때가 아니라, 지금, 이미 우리는 하나님의 자녀들입니다. 당신이 어제 거듭났다면, 당신은 이미 하나님의 자녀 중 한명입니다. 우리는 현재 하나님의 자녀인 것보다 더 자녀가 되도록 성장하는 것이 아닙니다. 당신의 육신의 아들은 더 자라지 않아도 이미 당신의 아들입니다. 그 아이는 당신의 아들로 태어났기 때문입니다. 마찬가지로 우리도 이미 완전히 하나님의 아들입니다.

아시다시피, 하나님의 말씀을 아는 지식은 당신의 정신과 행동뿐 아니라 궁극적으로는 이 땅에서 당신에게 일어나는 모든 일에 영향을 끼칠 것입니다. 그러므로 당신이 무엇을 아는가가 중요합니다. 당신의 겉모습은 장차 어떤 모습이 될지 아직 분명하지 않습니다. 그러나 우리는 예수님께서 나타나시면 우리가 그분처럼 될 것을 압니다. 왜냐하면 우리는 그분을 참모습 그대로 뵐 것이기 때문입니다(요일 3:1-2). 그러나 우리는 이미 하나님의 아들들입니다. 우리의 모습은 언젠가 변할 것이지만, 지금 우리는 완전히 하나님의 아들들입니다.

여기에 또 다른 말씀이 있는데, 이번에는 우리의 관계를 교통communion이라는 말로 표현합니다.

고전 1:9
너희를 불러 그의 아들 예수 그리스도 우리 주와 더불어 교제fellowship하게 하시는 하나님은 미쁘시도다

마음을 흥분시키는 구절입니다. 우리는 그분의 아들과의 교제 안으로 부름을 받았습니다. 이는 곧 우리가 그분의 아들 예수 그리스도와의 교통 안으로 부름을 받았다는 뜻입니다. 우리는 아버지와의 교제 가운데 있으며(요일 1:3), 또한 아들과의 교제 가운데에도 있습니다(고전 1:9). 우리는 아버지와 그분의 아들 예수 그리스도와의 교제 안으로 부름을 받았습니다.

고후 13:13
주 예수 그리스도의 은혜와 하나님의 사랑과 성령의 교통하심communion이 너희 무리와 함께 있을지어다

위에서 교통이라고 번역된 단어는 친교라는 뜻을 가진 단어와 같은 단어입니다. 우리는 아버지와 아들과 성령님과의 교통 가운데 있습니다.

아버지와의 교통 가운데 있다는 것은 곧 그분과 연합했다는 뜻입니다. 그것은 높은 친선의 유대로서 우리가 그분과 맺은 언약에 근거하는 것입니다. 이는 완전한 하나됨oneness, 즉 우리의 삶에 영향을 끼치는 그분과의 일치입니다. 하나님과 하나가 된다는 것은 우리가 그분과 화평을 갖는다는 뜻입니다.

롬 5:1
그러므로 우리가 믿음으로 의롭다 하심을 받았으니 우리 주 예수 그리스도로 말미암아 하나님과 화평을 누리자

무죄 판결을 받은 우리는 이제 하나님과 화평을 갖습니다. 우리는 하나님과 하나이며, 그분과의 친선 가운데 있습니다. 우리는 더 이상 그분의 임재를 두려워할 필요가 없습니다. 우리가 아직 죄인이었을 때 하나님께서는 우리를 위해 그분의 아들을 죽도록 내어주심으로써 우리를 향한 그분의 사랑을 확증하셨습니다(롬 5:8). 지금 우리는 그분과의 교제 가운데 있으며 그분의 임재로 나아갈 권리를 가지고 있습니다.

그 아들 안에서 속량을 얻었도다

골 1:12-14
우리로 하여금 빛 가운데서 성도의 기업의 부분을 얻기에 합당하게 하신 아버지께 감사하게 하시기를 원하노라 그가 우리를 흑암의 권세에서 건져내사deliver 그의 사랑의 아들의 나라로 옮기셨으니 그 아들 안에서 우리가 속량 곧 죄 사함the forgiveness of sins을 얻었도다

그분은 이미 우리를 구출하셨습니다. 그분은 우리를 구출하고자 소망하고 계시지 않습니다. 그분은 우리가 구출되기를 기도하고 계시지 않습니다. 그분은 우리가 그분께 가서 구출되기를 기다리고 계시지 않습니다. 심지어 그분은 우리에게 구출을 받아들이라고 요구하고 계시지도 않습니다. 그분께서는 이미 우리를 흑암의 권세로부터 구출하셔서 그분의 사랑하는 아들의 나라로 옮기셨고, 우리는 그 아들 안에서 그의 피를 통하여 속량redemption 곧 죄 사함the remission of sins:죄 제거을 얻었습니다. 하나님을 찬양합니다!

구출deliverance은 이제 당신 것입니다. 하나님께서는 이미 우리를 사탄의 왕국의 권세와 능력으로부터 구출하셨습니다. 당신은 더 이상 구출을 구할 필요가 없습니다.

할렐루야! 우리가 흑암의 왕국으로부터 옮겨졌다는 것은 우리가 더 이상 흑암의 왕국의 영향력 아래 있지 않다는 뜻입니다. 마귀는 더 이상 우리의 몸에 그 어떤 악한 질병도 둘 수 없습니다.

하나님께서 당신에게 모든 마귀들을 쫓아내고 질병을 고칠 능력을 주셨다는 사실을 깨닫는다면, 당신이 하나님의 신성한 본성에 참여한 자라는 사실을 깨닫는다면, 또한 당신이 흑암의 권세로부터 구출되었다는 사실을 깨닫는다면, 당신은 말씀 위에 서서 당신의 권리들을 주장할 수 있습니다.

우리는 하나님의 백성들에게 그들이 누구이며 무엇을 가졌는지를 가르쳐야 합니다. 그들은 그리스도 예수 안에서 자기에게 속한 것이 무엇인지 알아야 합니다. 당신이 누구인지를 깨달을 때에야, 당신은 비로소 당신에게 더 이상 구출이 필요치 않다는 것을 알게 될 것입니다. 당신은 그리스도 안에서 이미 구출된 자입니다.

하나님의 백성들이 왜 억압을 받을까요? 하나님께서는 "내 백성이 지식이 없으므로 망하는도다"(호 4:6)라고 말씀하셨습니다. 그것이 일부 그리스도인들이 고통을 받고 모든 종류의 속박과 마귀의 억압을 겪는 이유입니다.

당신은 더 이상은 이루어져야 할 것이 없다는 사실을 깨달아야 합니다. 모세는 이스라엘의 자손들에게 "구원은 이

집트에 있지도 않고 요단 너머에도 있지 않다. 그것은 하나님의 말씀에 있으며, 그 말씀은 너희에게 매우 가까워 너희 입에 있다."(신 30:12-14)라고 말했습니다. 이 모세의 말은 "그러면 무엇을 말하느냐 말씀이 네게 가까워 네 입에 있으며 네 마음에 있다 하였으니 곧 우리가 전파하는 믿음의 말씀이라 네가 만일 네 입으로 예수를 주로 시인하며 또 하나님께서 그를 죽은 자 가운데서 살리신 것을 네 마음에 믿으면 구원을 받으리라 사람이 마음으로 믿어 의에 이르고 입으로 시인하여 구원에 이르느니라"라고 로마서 10:8-10에서 바울이 한 말과 똑같은 말씀입니다.

제가 하는 이야기를 잘 들어 보십시오. 당신에게서 억압과 괴롭힘을 차단하는 믿음의 말씀이 당신의 입에 있습니다. 당신은 당신의 고백을 통해서 하나님이 당신을 위해 하신 일들을 주장합니다. 당신은 그리스도 안에서 구출 받은 자입니다.

당신은 그분이 거하시는 처소다

당신은 이제 그분이 거하시는 처소입니다. 당신은 하나님을 나르는 자가 되었습니다. 이해하시겠습니까? 당신은 전능하신 하나님을 운반하는 자입니다. 그분은 당신 안에, 곧 당신이라는 존재의 모든 섬유 조직 안에 살고 계십니다. 그분은 또한 당신 몸의 모든 뼈와 피의 모든 세포 안에 거하십니다. 그러므로 당신은 절대로 질병에 걸려서는 안 됩니다. 나는 언제나 "영원한 생명이 나의 존재에 스며있다."라고 말합니다. 그리고 이는 당신에게도 마찬가지입니다. 당신은 하나님의 집입니다. 하나님께서 당신 안에 사십니다.

골 1:26-27
이 비밀은 만세와 만대로부터 감추어졌던 것인데 이제는 그의 성도들에게 나타났고 하나님이 그들로 하여금 이 비밀의 영광이 이방인 가운데 얼마나 풍성한지를 알게 하려 하심이라 이 비밀은 너희 안에 계신 그리스도시니 곧 영광의 소망이니라

할렐루야! 그리스도께서 당신 안에 사십니다. 그리고 그분께서 당신 안에 사시므로, 당신 안에 있는 그분의 생명이 모든 질병과 세균을 멸하며, 모든 바이러스를 태워버립니다.
당신은 누구입니까? 당신은 하나님의 살아있는 증거 장막입니다. 거듭난 당신은 행복한 사람입니다.

골 1:15-16
그는 보이지 아니하는 하나님의 형상이시요 모든 피조물보다 먼저 나신 이시니 만물이 그에게서 창조되되 하늘과

땅에서 보이는 것들과 보이지 않는 것들과 혹은 왕권들이나 주권들이나 통치자들이나 권세들이나 만물이 다 그로 말미암고 그를 위하여 창조되었고

신성의 충만함이 예수님 안에 장막을 치고 거하셨습니다. 그래서 당신은 모든 통치자와 권세의 머리이신 그분 안에서 온전하며 완벽합니다(골 2:10). 우리는 그분 안에서 완벽하게 되었습니다.

당신은 하나님의 영광이다

고후 3:18
우리가 다 수건을 벗은 얼굴로 거울을 보는 것 같이 주의 영광을 보매 그와 같은 형상으로 변화하여 영광에서 영광에 이르니 곧 주의 영으로 말미암음이니라

하나님의 말씀은 거울이며, 하나님의 그 거울을 들여다볼 때 우리는 우리 자신을 보게 됩니다. 당신이 거울을 통해 보게 되는 자는, 바로 하나님의 영광이라 불리는 당신 자신입니다. 당신은 하나님의 영광입니다. 그것이 성경이 말하는 바입니다. 교회는 하나님의 영광이라 불립니다! 당신이 계속해서 일관되게 거울 속에 보이는 형상을 응시할 때, 당신

은 거울 속에 보이는 그 영광의 형상으로 변모됩니다. 하나님의 말씀에 귀를 기울이면 매일 변화가 일어납니다.

당신이 거울을 통해 보는 하나님의 영광은, 병든 자가 아니라 그분 안에서 건강하게 살아있는 자입니다.

로마서 8:21은 "그 바라는 것은 피조물도 썩어짐의 종 노릇한 데서 해방되어 하나님의 자녀들의 영광의 자유에 이르는 것이니라"라고 말합니다. 당신은 질병에 걸리도록 재창조되지 않았다는 사실이 당신의 영에 항상 분명해지도록 하십시오.

건강하도록 재창조되었으니

당신이 거듭나고 당신의 어머니의 태로부터 가지고 온 생명이 죽으면, 당신 안에는 새로운 생명이 있습니다. 사람이 거듭난 그날, 육체의 죽음의 법이 역전됩니다. 당신은 아시시의 성 프란시스에 대해 읽어 본 적이 있습니까? 프란시스는 "내가 죽어 몸을 열어보면 내 심장에서 십자가의 흔적을 발견할 것이다."라고 말할 정도로 그리스도의 십자가에 대해 많이 묵상했다고 합니다. 프란시스가 죽은 뒤 사람들이 그의 몸을 열어보았을 때 정말로 그런 것을 발견했다고 합니다. 다시 말해 프란시스의 (육체의) 심장에 십자가의 흔적이 있었다는 말입니다.

예수님은 우리를 아담의 상태로 회복시키려고 오신 것이 아니셨습니다. 예수님께서 오셔서 하신 일은 그 이상이었습니다. 그래서 바울은 고린도후서 5:17에서 "그런즉 누구든지 그리스도 안에 있으면 새로운 피조물이라"라고 말했던 것입니다. 그는 새로운 종류의 존재입니다. 그 존재 안에는 새로운 생명이 흐르고 있으며, 이 생명은 첫 번째 아담의 생명이 아닙니다. 우리는 아담의 상태로 회복된 것이 아니라, 오히려 더 높은 영역의 생명, 곧 하나님과 같은 종류의 생명으로 옮겨졌습니다.

두 번째 아담의 형상을 따라 재창조되었으니

첫 번째 아담은 우리가 지금 그리스도 예수 안에서 가지고 있는 생명을 가지고 있지 않았습니다. 첫 번째 아담은 살아 있는 혼이 되었고, 두 번째 아담 곧 예수님은 살리는 영이 되셨습니다. 아담은 인간의 영의 생명을 알지 못했습니다.

고전 15:45
기록된 바 첫 사람 아담은 생령이 되었다 함과 같이 마지막 아담은 살려 주는 영이 되었나니 두 번째 아담은 살리는 영, 다시 말해 생명을 주는 영이 되었습니다.

고린도전서 15:46-48은 "그러나 먼저는 신령한 사람이 아니요 육의 사람이요 그 다음에 신령한 사람이니라 첫 사람은 땅에서 났으니 흙에 속한 자이거니와 둘째 사람은 하늘에서 나셨느니라 무릇 흙에 속한 자들은 저 흙에 속한 자와 같고 무릇 하늘에 속한 자들은 저 하늘에 속한 이와 같으니"라고 말씀합니다. 다른 말로 하면, 처음으로 난 자는 자연적인 사람이요, 그 후에 온 두 번째 아담은 영적인 존재였다는 말입니다.

첫 번째 아담은 마귀의 영향력 아래 들어갔고, 따라서 타락 이후에 질병의 영향력 아래 놓이게 되었습니다. 그러나 하나님께 감사드립니다, 우리는 아담의 타락한 형상을 따라 재창조되지 않았습니다. 우리는 위로부터 태어나기 전까지 얼마 동안만 그 형상을 담고 있었습니다.

신성한 건강은 이제 당신 것이다

하나님의 생명으로 재창조되었을 때 당신은 신성한 건강 안에서 재창조되었습니다. 당신은 이 점을 이해해야 합니다. 첫 번째 아담의 타락한 본성은 질병과 함께 와서 질병의 영향을 받을 수 있었지만, 당신이 지금 가지고 있는 하나님의 본성은 생명과 함께 왔습니다. 그것은 건강과 함께 온 것입니다.

질병의 능력은 파괴됩니다. 질병은 당신의 몸 안에 거처를 삼을 수 없습니다. 병은 과거의 것이 되었습니다.

당신이 예수님을 당신의 삶 안으로 받아들인 그날, 건강은 당신의 것이 되었습니다. 건강은 현재 시제로 당신의 소유가 되었습니다. 당신은 그것을 얻기 위해 믿음을 발휘할 필요가 없습니다. 그러나 아시다시피 우리는 많은 경우 그 사실을 이해하지 못 하고, 보통 사람 수준의 삶으로 돌아갑니다.

당신은 건강하도록 재창조되었습니다. 당신은 좋은 인생을 살도록 태어났습니다. 당신은 건강 가운데 거할 수 있습니다.

당신 안에 살아계신 그리스도

> 골 1:27
> 하나님이 그들로 하여금 이 비밀의 영광이 이방인 가운데 얼마나 풍성한지를 알게 하려 하심이라 이 비밀은 너희 안에 계신 그리스도시니 곧 영광의 소망이니라

당신 안에 살아계신 그리스도, 곧 당신의 몸 안에 사시

는 그리스도께서는 당신으로 하여금 질병이 당신을 향한 하나님의 계획의 일부가 아니라는 사실을 이해하게끔 하시기에 충분합니다. 당신은 하나님에 대한 개인적인 계시를 가질 필요가 있습니다. 그래서 사람들이 당신에게 질병을 옮기려고 할 때 당신은 그것을 거부할 수 있습니다. 하나님께서는 욥이 말한 것처럼 주시기도 하시고 거두기도 하시는 그런 분이 아니십니다.

욥 1:21
이르되 내가 모태에서 알몸으로 나왔사온즉 또한 알몸이 그리로 돌아가올지라 주신 이도 여호와시요 거두신 이도 여호와시오니 여호와의 이름이 찬송을 받으실지니이다 하고

이것은 옳지 않습니다. 당신이 욥의 삶을 제대로 공부하면, 욥에게 주신 분은 하나님이시지만, 욥에게서 거두어간 자는 마귀라는 사실을 발견할 것입니다. 마지막에 욥은 회개하여 "내가 주께 대하여 귀로 듣기만 하였사오나 이제는 눈으로 주를 뵈옵나이다 그러므로 내가 스스로 거두어들이고 티끌과 재 가운데에서 회개하나이다"(욥 42:5-6)라고 말했습니다. 그는 "내가 주께 대하여 귀로 듣기만 하였사오나"라고 말했습니다. 욥의 세 친구들은 하나님께서 교훈을 주시려고 그에게 병을 주셨다고 말했습니다. 그러

나 이제 마지막에 욥은 하나님에 대해 배우고 회개하였습니다. 그러므로 당신은 하나님에 대한 개인적인 계시를 가질 필요가 있습니다.

당신의 몸에 영향을 끼치는 영원한 생명의 계시를 가지지 않으면, 당신은 신성한 건강 안에서 살 수 없을 것입니다. 성경은, 이 썩을 것이 반드시 썩지 않을 것을 입고 이 죽을 것이 죽지 아니함을 입어야 한다고 말합니다. "나팔 소리가 나매 죽은 자들이 썩지 아니할 것으로 다시 살아나고 우리도 변화되리라 … 사랑하는 자들아 우리가 지금은 하나님의 자녀라 장래에 어떻게 될지는 아직 나타나지 아니하였으나 그가 나타나시면 우리가 그와 같을 줄을 아는 것은 그의 참모습 그대로 볼 것이기 때문이니"(고전 15:52, 요일 3:2)

당신이 이번 장에서 취할 한 가지 진리가 있다면, 당신이 올바른 방향으로 취할 한 걸음이 있다면, 그것은 바로 당신에 입에서 나오는 이 선언입니다. "나는 하나님의 영광이다! 나는 하나님의 신성한 본성에 참여한 자이다! 나는 하나님의 의이다! 나는 하나님이 거하시는 처소이다! 나는 하나님의 생명을 살도록 창조되었다!"

05

피의 생명인가, 영의 생명인가?
The Life of The Blood or The Life of The Spirit?

레 17:11
육체의 생명은 피에 있음이라 내가 이 피를 너희에게 주어 제단에 뿌려 너희의 생명을 위하여 속죄하게 하였나니 생명이 피에 있으므로 피가 죄를 속하느니라

레 17:14
모든 생물은 그 피가 생명과 일체라 그러므로 내가 이스라엘 자손에게 이르기를 너희는 어떤 육체의 피든지 먹지 말라 하였나니 모든 육체의 생명은 그것의 피인즉 그 피를 먹는 모든 자는 끊어지리라

레위기 17장 전체를 읽어보면, 하나님께서 이스라엘 자손들에게 육체의 생명이 피에 있다고 두 번에 걸쳐 말씀

하고 계시는 것을 발견할 것입니다. 이는 곧 몸이 그 안에 있는 피의 능력에 의해서 살아 있다는 뜻입니다.

이것이 하나님께서 피를 흘리게 하는 것이 생명을 빼앗는 것과 같다고 말씀하셨던 이유입니다. 의사들도 같은 말을 하곤 합니다. 그런데 세상은 새로운 발견을 하고 있습니다. 피보다 높은 그 어떤 것에 의해 생명이 지탱되는 새로운 종류의 사람들을 발견한 것입니다. 그렇습니다, 구약에 속한 사람들은 피가 생명을 지탱했지만, 그리스도 안에 있는 새로운 피조물에게는 더 높은 법칙이 작동하고 있습니다.

사도 요한은 예수님에 대해 기록하면서 "영접하는 자 곧 그 이름을 믿는 자들에게는 하나님의 자녀가 되는 권세를 주셨으니 이는 혈통으로나 육정으로나 사람의 뜻으로 나지 아니하고 오직 하나님께로부터 난 자들이니라"(요 1:12-13)라고 말했습니다.

우리는 피로부터 태어나지 않았으므로, 피에 의해 지탱될 수 없습니다. 우리는 영적인 재탄생을 경험했습니다. 우리의 영 안에 있는 새 생명은 피를 의지하지 않습니다. 우리는 하나님의 영에 의해 태어났으며, 우리의 영 안에 있는 이 생명은 우리의 몸에 영향을 끼치고 있습니다. 우리의 몸이 더 이상 그 안에 흐르는 피에 의지할 필요가 없을 정도로 말입니다.

예수님의 믿음으로 말미암아 사는 것

갈 2:20 (킹제임스흠정역)
내가 그리스도와 함께 십자가에 못 박혀 있으나 그럼에도 불구하고 사노라. 그러나 내가 아니요 그리스도께서 내 안에 사시느니라. 나는 지금 내가 육체 안에 사는 삶을 나를 사랑하사 나를 위해 자신을 주신 하나님의 아들의 믿음the faith of the Son of God으로 사노라

이는 예수님께서 십자가에 못 박혔을 때 우리가 그분과 함께 십자가에 못 박혔다는 뜻입니다. 예수님께서는 자신을 위해 십자가에 가신 것이 아닙니다. 그분은 우리를 위해서for:대신하여 십자가에 못 박히셨습니다. 예수님께서는 우리의 잘못에 대한 책임을 지심으로써 우리를 위해 죽으신 후, 새로운 종류의 생명을 가지고 다시 일으켜지셨습니다. 그리고 우리가 지금 몸 안에서 사는 삶life:생명은 하나님의 아들의 믿음으로 말미암은 것입니다.

이것은 인간의 이해를 넘어서는 것입니다. 바울은 "내가 그리스도와 함께 십자가에 못 박혀 있으나 그럼에도 불구하고 나는 살아 있노라."라고 말했습니다. 즉 내가 이미 죽었지만 나는 살아있는데, 그러나 내가 아니요, 내 안의 그리스도께서 사신다는 뜻입니다. 나는 더 이상 당신이 곁으

로 보는 육신의 생명으로 살지 않습니다. 이제 내가 육신 안에서 사는 삶은 하나님의 아들의 믿음으로 사는 것입니다. 이것은 "나는 나의 믿음으로 말미암아 삽니다."라고 말하는 것과는 다릅니다. 당신의 믿음이 아니라 하나님의 아들의 믿음으로 사는 것입니다.

이것이 무슨 의미일까요? 당신은 하나님의 아들의 믿음에 대해서 생각해 본 적이 있습니까? 하나님의 아들의 믿음이란 무엇이었을까요? 그분의 믿음은 부활 생명을 믿는 믿음이었습니다. 그리고 그 부활 생명은 피에 의지하지 않고 영원한 생명의 능력에 의지합니다.

그러므로 우리는 더 이상 피로 말미암아 산다고 말하지 않습니다. 신약에 속한 우리의 생명은 피에 있지 않습니다. 피의 생명은 옛 생명입니다. 예수님께서 십자가에 못 박히시기 전까지는 피에 의해 살고 있었습니다. 그러나 지금 우리가 육신 안에서 사는 생명은 우리를 사랑하시어 우리를 위해 자신을 내어주신 하나님의 아들의 믿음으로 말미암아 사는 것입니다. 당신이 이 사실을 이해할 때, 질병은 과거의 것이 될 것입니다.

막 16:15-18
또 이르시되 너희는 온 천하에 다니며 만민에게 복음을 전파하라 믿고 세례를 받는 사람은 구원을 얻을 것이요 믿지 않는 사람은 정죄를 받으리라 믿는 자들에게는 이런 표적이 따르리니 곧 그들이 내 이름으로 귀신을 쫓아내며 새 방언을 말하며 뱀을 집어올리며 무슨 독을 마실지라도 해를 받지 아니하며 병든 사람에게 손을 얹은즉 나으리라 하시더라

마가복음 16:17에서 예수님께서 흥분되는 말씀을 하십니다. "믿는 자들에게는 이런 표적이 따르리니 곧 그들이 내 이름으로 귀신을 쫓아내며 새 방언을 말하며"(막 16:17) 우리는 항상 이것이 약속이라고 생각해왔습니다. 그러나 이것은 약속도 아니요, 예언도 아닙니다. 예수님께서는 이 말씀을 통해 제자들에게 비밀을 보여주셨습니다. 즉 새로운 부류의 사람들이 나타날 것이며 그들은 그들에게 따르는 표적으로 인해 알려지게 될 것이라는 것입니다. 그들은 마귀들을 쫓아낼 것이고, 새로운 방언을 말할 것이며, 뱀을 집어 올릴 것이고, 어떤 독을 마실지라도 해를 받지 않을 것입니다.

왜 그들은 그러한 것들에 의해 해를 받지 않는 것일까요? 왜냐하면 그들은 피에 의해 사는 삶을 멈추었기 때문입니다. 그들 안에는 새로운 생명이 흐르고 있습니다. 그들은 하나님의 아들의 믿음으로 말미암아 살고 있습니다.

이 전에는, 피가 우리의 죽을 수밖에 없는 몸에 생명을

주었습니다. 하지만 이제는 성령님께서 우리 안에 사시며 우리의 죽을 수밖에 없는 몸에 생명을 주십니다.

> 롬 8:11
> 예수를 죽은 자 가운데서 살리신 이의 영이 너희 안에 거하시면 그리스도 예수를 죽은 자 가운데서 살리신 이가 너희 안에 거하시는 그의 영으로 말미암아 너희 죽을 몸도 살리시리라

그렇기 때문에 예수님께서는 그들이 어떤 독을 마실지라도 해를 당하지 않을 것이라고 말씀하신 것입니다. 그들은 독살당할 수 없습니다. 그리고 이것은 약속이 아닙니다. 예수님께서 하시는 말씀은 내가 그들과 함께 있기 때문에 그들이 독살당할 수 없다는 뜻이 아니었습니다. 그렇습니다! 당신이 독을 마실지라도, 그것이 당신에게 권세를 행사할 수 없다는 것이 핵심인 것입니다.

우리는 이를 이해하지 못해왔지만, 앞으로 이해하게 될 것입니다. 왜냐하면 성경이 "의인은 그의 지식으로 말미암아 구원을 얻느니라"(잠 11:9)라고 말하기 때문입니다. 하나님께서는 "내 백성이 지식이 없으므로 망하는도다"(호 4:6)라고 말씀하셨습니다. 멸망과 고통은 같은 것을 의미합니다. 하나님의 백성은 지식이 없음으로 인해 고통

을 당합니다. 그들은 계속해서 고통과 질병과 가난 가운데 있습니다. 왜입니까? 지식이 없기 때문입니다. 하지만 하나님의 말씀을 아는 지식이 인간의 영을 장악할 때, 새로운 무언가가 일어납니다. 당신은 새로운 방식으로 걷기 시작하며, 사람들은 당신에게 무슨 일이 일어났는지 궁금해 할 것입니다. 당신은 더 이상 다른 사람들처럼 의심과 불신과 결핍의 언어를 말하지 않습니다. 당신은 당신의 몸과 가정에 오직 생명만을 말합니다. 당신은 마귀에게서 온 질병을 인정하지 않고, 오히려 질병을 쫓아내며 예수의 이름으로 떠나라고 명령합니다.

성경이 "사랑하는 자들아 우리가 지금은 하나님의 자녀라 장래에 어떻게 될지는 아직 나타나지 아니하였으나 그가 나타나시면 우리가 그와 같을 줄을 아는 것은 그의 참 모습 그대로 볼 것이기 때문이니"(요일 3:2)라고 말하는 것은 당연한 일입니다.

롬 8:9
만일 너희 속에 하나님의 영이 거하시면 너희가 육신에 있지 아니하고 영에 있나니 누구든지 그리스도의 영이 없으면 그리스도의 사람이 아니라

우리의 마음을 흥분시키는 다음의 구절을 보십시오.

롬 8:10
또 그리스도께서 너희 안에 계시면 몸은 죄로 말미암아 죽은 것이나 영은 의로 말미암아 살아 있는 것이니라

즉 그리스도께서 당신 안에 거하시면 몸은 당신을 지배하기를 멈춘다는 뜻입니다. 당신은 더 이상 감각적인 지각, 곧 몸의 음성에 의해 통제받지 않습니다. 당신은 몸의 느낌에 따라 사는 사람들과는 다릅니다. 그들은 그들이 보는 것과 느낌과 밖으로부터 듣는 것과 맛보는 것과 냄새 맡는 것에 따라 행동합니다. 그들은 고통을 느끼면, "나는 위궤양이 있어."라고 말합니다. 그러나 이제 우리는 다릅니다. 우리의 생명은 더 이상 몸의 통제를 받지 않습니다. 우리의 생명은 피에 의지하지 않습니다. 예수님을 죽은 자들로부터 일으키신 똑같은 성령님이 지금 우리 안에 살고 계십니다. 성령님은 우리 몸에 생명을 주시고, 우리 몸을 살리시며, 활성화시킵니다. 이제 성령님께서 우리 몸의 생명의 원천이십니다. 할렐루야!

새로운 발견

앞서 말했듯이 이 세상은 태초부터 지금에 이르기까지 그간 했던 것들 중 가장 위대한 발견들을 하려는 참입니다.

세상은 인간의 피에 대해 놀라운 발견을 하고 있습니다.

몇몇 과학자들은 거듭난 사람들의 피와 그렇지 않은 사람들의 피 사이에는 차이가 있는 것으로 보인다는 조사 결과를 보고했습니다. 우리는 차이가 있다는 것을 항상 알았는데, 그들은 이제 막 발견하고 있는 것입니다. 그들은 인간의 몸에 영원한 생명이 끼치는 영향을 이제야 발견하고 있습니다.

벧전 2:9
그러나 너희는 택하신 족속이요 왕 같은 제사장들이요 거룩한 나라요 그의 소유가 된 백성이니 이는 너희를 어두운 데서 불러 내어 그의 기이한 빛에 들어가게 하신 이의 아름다운 덕을 선포하게 하려 하심이라

우리는 선택된 종족이요, 선택된 세대이며, 왕 같은 제사장이며, 거룩한 나라입니다. 우리는 구별된 민족이요, 특별한 백성입니다. 나는 특별합니다. 다음번에 당신이 거리를 걸어갈 때, 스스로 다른 여느 사람들과 같다고 생각하지 마십시오. 당신은 보통 사람이 아닙니다. 당신에게는 특별한 무언가가 있습니다. 이것은 약속이 아닙니다. 하나님께서 당신이 누구인지를 당신에게 말씀하고 계십니다. 일어나 그런 사람이 되십시오! 하나님께서 당신을 그런 자

로 만드신 이유는 당신을 어두운 데서 불러내어 그분의 기이한 빛에 들어가게 하신 이의 아름다운 덕과 능력을 선포하게 하려는 것입니다.

이 구절을 확대번역성경에서 읽어봅시다. "그러나 너희는 선택된 민족이요 왕 같은 제사장이요 구별된 나라요 (하나님께서) 사셔서 소유가 된 특별한 백성이니, 이는 너희를 어두운 데서 불러내어 그분의 기이한 빛으로 들어가게 하신 이의 놀라운 행하심을 선포하고 그분의 덕과 완전함을 나타내게 하려 하심이라."

이해되십니까? 새로운 혈액형이 나타났습니다! 바로 당신의 혈관 안에 흐르고 있는 "신성한 혈액형"입니다! 이는 인간의 피에 대한 새 생명의 영향으로 인해 생겼습니다. 이 혈액형은 질병을 파괴하는 혈액형입니다.

06

인간의 몸에 끼친 조에 생명의 영향력

The Impact of Zoe on the Human Body

조에 - 하나님과 같은 종류의 생명

요 20:30-31
예수께서 제자들 앞에서 이 책에 기록되지 아니한 다른 표적도 많이 행하셨으나 오직 이것을 기록함은 너희로 예수께서 하나님의 아들 그리스도이심을 믿게 하려 함이요 또 너희로 믿고 그 이름을 힘입어 생명을 얻게 하려 함이니라

요한복음은 독자들을 예수님의 신성과 친숙하도록 해서 그들로 하여금 그분의 이름 안에 있는 생명을 갖게 하려는 일차적인 목적을 염두에 두고 기록되었습니다. 그 생명은 어떤 종류의 생명입니까?

요일 5:11-13

또 증거는 이것이니 하나님이 우리에게 영생을 주신 것과 이 생명이 그의 아들 안에 있는 그것이니라 아들이 있는 자에게는 생명이 있고 하나님의 아들이 없는 자에게는 생명이 없느니라 내가 하나님의 아들의 이름을 믿는 너희에게 이것을 쓰는 것은 너희로 하여금 너희에게 영생이 있음을 알게 하려 함이라

이 생명은 영원하고 파괴될 수 없는 생명으로서 조에Zoe라고 불립니다. 아들이 있는 자에게는 조에가 있습니다. 조에는 하나님과 같은 종류의 생명the God-kind of life입니다. 이는 본래 헬라어로서, "신성의 본질"이라고 번역하는 것이 더 좋은 번역입니다. 이 생명은 인간이 영원히 살기 위해 반드시 가져야 하는 생명입니다.

그리스도를 통하여 조에를 갖는다는 것은 당신의 영에도 이 생명을, 혼에도 이 생명을, 몸에도 이 생명을 가지고 있다는 뜻입니다. 이는 인간의 생명과 구별되는 하나님의 생명입니다.

그 생명이 당신의 몸 안에 거할 때, 당신은 보통 사람 이상의 존재가 됩니다. 성경은 "우리가 이 보배를 질그릇에 가졌으니 이는 심히 큰 능력은 하나님께 있고 우리에게 있지 아니함을 알게 하려 함이라"(고후 4:7)라고 말합니다.

그 능력이 당신 안에 있습니다. 거듭난 당신은 행복하며, 그리스도께서 당신의 생명이 되셨습니다. 영원한 생명이 현재 시제로 당신의 소유가 되었습니다.

> 요 3:16
> 하나님이 세상을 이처럼 사랑하사 독생자를 주셨으니 이는 그를 믿는 자마다 멸망하지 않고 영생을 얻게 하려 하심이라

이런 사람은 따로 구별되어 있다는 뜻입니다. 그는 멸망하지 않습니다. 그에게는 생명이라는 표식이 붙었습니다. 그것은 마귀에게 "이 사람에게 손대지 말라. 그는 생명으로 구분되었느니라."라고 말하는 또 다른 방식입니다. 하나님을 찬양합니다!

하나님의 "스페르마" – 생명의 운반체

> 벧전 1:23
> 너희가 거듭난 것은 썩어질 씨seed로 된 것이 아니요 썩지 아니할 씨로 된 것이니 살아 있고 항상 있는 하나님의 말씀으로 되었느니라

위 구절에서 '씨'라는 단어는 사실 헬라어 '스페르마 sperma'에서 나온 말로서 이는 정자sperm라는 뜻입니다. 그러므로 실제 헬라어 본문은 다음과 같이 읽어야만 합니다. "너희가 거듭난 것은 썩어질incorruptible 정자로 된 것이 아니요 썩지 않는(멸하지 않는imperishable 이라는 뜻) 스페르마로 된 것이니 하나님의 말씀으로 되었느니라" 우리는 멸하지 않는, 즉 불멸의 씨에 의해 거듭났습니다.

그리고 누가복음 8:11에서 예수님께서는 "씨는 하나님의 말씀이요"라고 말씀하셨습니다. 그러므로 누가복음 8:11은 "정자는 하나님의 말씀이요"라고 해석할 수도 있을 것입니다. 따라서 두 성경구절(벧전 1:23, 눅 8:11)을 함께 놓으면 다음과 같이 읽을 수 있습니다. "너희가 거듭난 것은 멸해질 정자로 된 것이 아니요 멸하지 아니할 정자, 곧 살아있고 항상 있는 하나님의 말씀으로 되었으니라"

정자는 한 생명체의 생명을 운반하는 능력faculty입니다. 그러므로 하나님의 말씀이 하나님의 정자인 것입니다.

우리는 또한 정자가 피를 운반한다는 사실을 알고 있습니다. 아이는 생명의 운반체인 정자를 통해 아버지에게서 피를 받습니다. 이 사실을 베드로전서 1:23과 결합해 보면, 이는 강한 시사점을 가지고 우리에게 무언가를 말해 줍니다. 어떤 정자는 쉽게 멸해집니다. 남성의 몸에서 나온 정자는 갈아서 죽일 수 있습니다. 식물의 씨도 갈아서 죽일 수 있습니다. 그러나 당신을 거듭나게 한 하나님의 정자는 멸망할 수 없고, 파괴될 수도 없습니다. 할렐루야!

당신이 거듭났을 때, 하나님의 씨가 당신에게 들어와서 당신 안에서 생명을 낳았습니다.

당신은 과거에 예수님께서 그러셨던 것처럼 하나님으로 충만합니다. 예수님께서는 제자들에게 "나는 포도나무요 너희는 가지라"(요 15:5)라고 말씀하셨습니다. 포도나무를 통해 흐르는 것과 똑같은 생명이 가지들을 통해서도 흐릅니다. 즉 그 안에 새로운 혈액형, 신성한 혈액형이 흐르고 있다는 뜻입니다. 그리고 당신이 지금 가지고 있는 생명은 파괴될 수 없는 생명입니다! 이런 이유로 당신은 어떤 질병에 의해서도 파괴될 수 없는 것입니다.

그렇다면 질병이 있을 곳은 어디인가?

참으로 우리의 영과 혼과 몸에 생명을 가져오는 하나님의 조에 생명을 안에 가지고 있다면, 우리에게 질병이 있을 곳은 어디란 말입니까? 어떻게 질병이 우리를 계속해서 붙잡을 수가 있겠습니까?

이사야가 우리에 관해서 "(시온에 사는) 그 거주민은 내가 병들었노라 하지 아니할 것이라"(사 33:24)라고 예언한 것은 당연한 일입니다.

신성한 본성은 당신에게 삶에서 완전한 성공을 거둘 수 있는 능력을 줍니다. 당신은 언제나 승리자가 될 수 있습니다. 당신은 당신의 인생을 오직 성공과 번영과 좋은 인생을 향한 바른 방향으로만 설정할 수 있습니다.

실패와 질병은 더 이상 고려 대상이 아닙니다. 인생은 선택의 문제입니다. 당신은 언제나 건강을 선택할 수 있습니다. 당신은 실패나 질병을 말하는 것을 멈춥니다. 당신은 영원한 생명이 당신의 몸에 온전히 영향을 끼치도록 허락하며, 병들기를 거절합니다.

나는 존 G. 레이크의 이야기를 너무나 좋아합니다.

그가 남아프리카에 살고 있을 당시 그 지역에 전염병이 창궐했습니다. 그 병은 전염력이 매우 강해서 감염된 사람과 접촉하기만 해도 바로 감염되곤 했습니다. 그러나 존 G. 레이크는 감염된 여러 환자들과 접촉했음에도 감염되지 않았다는 사실이 드러났습니다. 그에 대한 질문을 받았을 때, 존 G. 레이크는 자신 안에는 다른 종류의 생명이 작동하고 있으며 만약 병균에 접촉될 경우 그 생명이 병균을 파괴할 것이라고 대답했습니다.

그들은 존 G. 레이크에게 그것을 증명하도록 요청했고, 존 G. 레이크도 실험에 찬성했습니다. 그들은 병균이 담겨있는 샘플을 가져다가 존 G. 레이크의 손에 몇 방울 떨어뜨렸습니다. 그들은 존 G. 레이크의 손을 실제로 현미

경으로 보고 세균들이 살아 있는 것을 확인했습니다. 그러다 몇 시간 뒤, 다시 현미경으로 확인했을 때 세균들은 움직이지 않았습니다. 그것들은 전부 죽어 있었습니다.

멜리데 섬에서 바울은 불을 피우다가 독사에게 물렸습니다. 거기에서 바울을 본 모든 사람은 그가 부어오르거나 갑자기 쓰러져 죽을 것이라고 예상했습니다. 그러나 바울은 그 독사를 불에 떨어버렸고, 그에게는 아무런 해도 없었습니다(행 28:1-16). 사람들은 이 광경을 보고는 생각을 바꾸어 그가 신이라는 결론을 내렸습니다. 당신은 왜 바울에게 아무런 일이 일어나지 않았다고 생각합니까? 바울은 자기 안에 있는 새로운 생명을 매우 많이 의식했습니다.

당신이 조에를 의식할 때, 어떤 세균이나 그 어떤 이름의 질병이라도 당신의 몸을 거처로 삼거나 지배할 수 없습니다. 그것은 불가능합니다.

07

당신이 원하시면…

If Thou Wilt…

요일 5:14-15
그를 향하여 우리가 가진 바 담대함이 이것이니 그의 뜻대로 무엇을 구하면 들으심이라 우리가 무엇이든지 구하는 바를 들으시는 줄을 안즉 우리가 그에게 구한 그것을 얻은 줄을 또한 아느니라

그렇다면 우리는 "하나님의 뜻은 무엇인가?", 더 구체적으로 말하면 "신유에 대한 하나님의 뜻은 무엇인가?"라는 질문을 할 수 있습니다.

막 1:40
한 나병환자가 예수께 와서 꿇어 엎드려 간구하여 이르되 원하시면 저를 깨끗하게 하실 수 있나이다

예수님께서 이 나병환자가 사는 도시에 오셨습니다. 그는 예수님을 보고는 가서 절을 하고 경배하며 "주께서 원하시면 저를 깨끗하게 하실 수 있나이다."라고 말했습니다. 그는 예수님의 능력을 의심하지 않았습니다. 그는 예수님에 관해 들었기 때문에 그분이 치유자시라는 것을 알았습니다. 그는 "저를 치유하실 수 있습니까?"라고 묻지 않았습니다. "주님, 저를 고쳐주시기를 바랍니다."라고 말하지도 않았습니다. 그가 예수님께 한 질문은 많은 이들의 심령에 있는 바로 그 질문입니다. "당신은 저를 기꺼이 치유하기 원하십니까?"

또 다른 사람이 자기 아들을 예수님께 데려와서 말했습니다. "선생님 말 못하게 귀신 들린 내 아들을 선생님께 데려왔나이다 귀신이 어디서든지 그를 잡으면 거꾸러져 거품을 흘리며 이를 갈며 그리고 파리해지는지라 내가 선생님의 제자들에게 내쫓아 달라 하였으나 그들이 능히 하지 못하더이다 … 귀신이 그를 죽이려고 불과 물에 자주 던졌나이다 그러나 무엇을 하실 수 있거든 우리를 불쌍히 여기사 도와 주옵소서"(막 9:17-18, 22)

이 사람의 질문은 나병환자의 질문과는 다릅니다. 그는 예수님의 치유 능력을 의심했습니다. 그는 "만약 당신께서 무엇을 하실 수 있거든, 우리를 불쌍히 여기사 도와 주옵소서."라고 말했고, 예수님께서는 "네가 믿을 수만 있다면, 믿는 사람에게는 모든 것이 가능하니라."라고 대답하셨습니다. 그 사람은 예수님께 마귀를 쫓아내서 자기 아들을 치유할 수 있는 능력이 있다는 것을 의심했기 때문입니다. 그러나 사람들은 하나님의 능력은 의심하지 않되, 나병환자와 같이 그분이 기꺼이 자신을 치유하실지 의심하는 질문을 더 많이 합니다. 그들은 하나님의 능력을 믿으며, 그들을 위한 예수의 이름이 충분히 강력하다는 사실을 압니다. 심지어 그들은 예수님께서 다른 사람들을 위해 행하신 것도 알고, 그들이 아는 다른 사람들의 간증을 말할 수 있지만, 지금 그들의 일에 있어서는 "그분께서 나를 기꺼이 치유하기 원하실까? 하나님께서 나를 치유하실까?"하고 궁금해 합니다.

당신이 이 범주에 속해 있다면, 내게 당신을 위한 대답이 있습니다. 하나님께서는 당신이 치유를 받기 원하는 것보다 더 기꺼이 당신을 치유하고자 하십니다.

어떤 이들은 나병환자가 그 당시에 처한 입장에 놓여있을 수도 있습니다. 그는 몸이 병들었을 뿐만 아니라, 병의 전염성으로 인해 사회적으로 격리되어 버림받은 자이기도 했습니다. 사실 그는 공개적으로 나타나면 돌에 맞아 죽을 수도 있었습니다. 그러나 그는 예수님에 대한 소문을 들었고, 너무나 절실한 나머지 나사렛 출신의 이 선생이 자신의 상태에 대해 조치를 취하기 원하는지의 여부를 알고 싶었습니다. 많은 사람들이 그러하듯이, 그는 하나님의 뜻을 알고 싶었던 것입니다.

예수님은 어떻게 대답하셨습니까? 그날 예수님께서는 자신이 그 당시 사람들뿐만 아니라, 장차 올 세대의 심령에도 있을 질문에 대답하고 있다는 것을 분명히 아셨을 것입니다. 또한 예수님께서는 이 나병환자에게 '낫기를 원한다.' 라고 말하는 것만으로는 충분치 않다는 사실도 아셨습니다. 사실 단지 말씀만 하셨어도 나병환자는 치유되었을 것입니다. 예수님께서는 말씀만 하시고도 많은 사람들을 치유하셨습니다.

그러나 예수님은 거기서 멈추지 않으셨습니다. 예수님께서는 엄청난 긍휼로 손을 내밀어 나병환자를 만지며 "내가 원하노니 깨끗함을 받으라"(막 1:41)라고 말씀하셨습니다. 그 만지심을 통해 예수님께서는 나병환자에게 사랑과 긍휼과 용납을 보여주셨고, 그가 온전하게 되기를 기꺼이 원하신다는 확신을 주셨습니다. 다음 구절을 읽으면 그는 실제로 예수님께서 만지셨을 때가 아니라, 말씀을 하셨을 때 나았음을 발견할 것입니다. 그러므로 만짐은 치유가 아닌 다른 목적을 위한 것이었습니다.

막 1:42 (한글킹제임스)
말씀하시자마자 문둥병나병이 곧 그에게서 떠나고, 그가 깨끗해지더라 그리하여 나병환자는 주님의 말씀에 의해서 깨끗해질 수 있었지만, 나는 예수님께서 능력을 나타내시는 것 이상의 무언가를 더 보여주기 원하셨다고 믿습니다. "내가 원하노니 깨끗함을 받으라"

이 사실을 당신의 심령 안에 영원히 장착하십시오. 하나님께서는 당신을 치유할 능력이 있으며, 그분은 당신을 치유하기 원하시고 또한 치유하실 것입니다.

성경에 또 다른 병자에 대한 기록이 있습니다. 그는 예수님께서 "네가 낫기를 원하느냐?"라고 물으셨을 때, 자기 앞에 서 있는 그분이 우주의 창조주라는 사실을 알만한 충분한 지각조차 없었습니다. 그 사람은 곧바로 '예'라고 대답하는 대신, 불평을 하기 시작했습니다. 그 사람이 말을 마치기도 전에 주님께서는 그에게 "일어나 네 자리를 들고 걸어가라"(요 5:2-8)라고 말씀하셨습니다. 그 사람은 무슨 일이 일어났는지 인식하기도 전에 이미 걷고 있었고 이로 인해 예루살렘의 바리새인들 가운데 소동을 일으키고 있었습니다.

우리가 연 치유 전도 집회 중에 한 젊은이가 간증을 나누려고 찾아왔습니다. 그는 이 집회를 위해 다른 도시에서 여행해 왔습니다. 그런데 그는 집회 중에 잠이 들어버렸습니다. 잠든 동안 하나님의 능력이 그를 강타했고 그는 하나님의 능력이 자신의 몸에 퍼지는 것을 느꼈습니다. 물론 그로 인해 그는 잠에서 깨어났고 즉시 치유되었습니다. 하나님께서는 잠든 그를 치유하시기 전에, 그의 허락을 기다리지 않으셨습니다! 하나님께서 당신을 기꺼이 치유하기 원하신다는 것을 알기 위해 당신은 얼마나 더 확증을 받아야 합니까?

하나님께서는 "사랑하는 자여 네 영혼이 잘됨 같이 네가 범사에 잘되고 강건하기를 내가 간구하노라"(요삼 1:2)라고 말씀하셨습니다.

질병으로 인해 사회가 당신을 격리시키고, 질환으로 인해 당신이 건강하고 풍성한 삶이라는 인생의 중요한 흐름으로부터 소외되었다면, 또는 하나님께서 지금 당신의 질병에 대해 하실 수 있는 일이 무엇인지 궁금해 하고 있다면, 나는 당신이 이 사실을 알게 되기 바랍니다. 하나님께서는 당신이 치유되기를 바라는 것보다 더 기꺼이 당신을 치유하기 원하십니다.

하나님은 질병으로 훈육하지 않으신다

놀랍게도, 대부분의 그리스도인들이 하나님께서 질병을 사용하여 자녀들을 훈육하신다고 신실하게 믿고 있습니다. 그들의 종교적인 생각으로는, 질병은 죄의 결과로 오는 것입니다. 마치 제자들이 소경을 두고 예수님께 "이 사람이 맹인으로 난 것이 누구의 죄로 인함이니이까 자기니이까 그의 부모니이까"(요 9:2)라고 물었던 것처럼 말입니다. 그러나 사람이 어떻게 태어나기도 전에 죄를 지을 수 있습니까? 이는 명백히 종교적인 사고에 불과하지만, 오늘날 많은 사람들이 이렇게 생각하고 있습니다.

하나님께서는 질병을 사용해서 자녀들을 훈육하지 않으시며, 또한 질병으로 자녀들을 겸손케 하지도 않으십니다. 누군가는 이렇게 말합니다. "하나님께서는 제가 아프지 않으면 이런저런 나쁜 일을 할 줄 아시고, 제게 질병을 주셨습니다.

하나님께서 그분의 자녀들에게 좋은 것을 주시기 위해 마귀의 도구를 필요로 하지 않으십니다. 그런데 재미있는 것은 자기를 겸손케 하시려고 하나님께서 질병을 주셨다는 사람들이, 하나님께서 겸손하게 하시려고 주신 그것을 없애기 위해 곧장 의사를 찾아갑니다. 위선적이지 않습니까? 그는 하나님께서 자신을 겸손케 하시려는 뜻으로 아프게 하신 것이라 말하면서도, 하나님께서 자신을 겸손하게 만들려고 주신 그것을 없애기 위해 약을 먹기 시작합니다. 그러나 하나님께서는 결코 그분의 자녀 중 누구에게도 겸손하게 만들려고 질병을 주지 않으십니다.

혹자는 하나님께서 정말 사람들을 겸손케 하시려고 질병을 주셨음을 입증하기 위해 애굽인들의 예를 듭니다. 이런 주장의 문제점은 애굽인들은 하나님의 백성이 아니라는 사실을 망각했다는 것입니다. 더욱이 성경은 멸하기로 준비된 진노의 그릇이 있지만, 이는 하나님의 백성을 가리키는 것이 아니라고 말합니다!(롬 9:15-24)

어떤 사람들은 번영과 신유를 가르치는 모든 사역자를 비난할 정도로 위선적입니다. 신유나 번영을 가르치는 그리스도인이나 사역자를 절대로 비난하지 마십시오.

그런 사역자를 비난하는 사람들은 일주일에 엿새를 일하러 가면서 성경은 여섯 번도 펴지 않고 여섯 번의 기도도 하지 않는 사람들입니다. 그들은 열이 나도 일하러 가지만, 주일 아침에 열이 나면 교회에는 가지 않을 것입니다.

그러다가 어쩌다 한 번 교회에 가서 그들은 이렇게 말합니다. "목사님께서 번영과 신유 말고 의와 거룩함에 대해 이야기하셨으면 좋겠어."

그들은 다른 사람이 돈에 대하여 말하는 것을 원치 않지만, 이는 잘못된 생각입니다. 왜냐하면 그들이 매일, 그리고 주말까지 교회도 가지 않고 일하러 가는 것 자체가 이미 돈에 대한 갈망을 나타내는 것이기 때문입니다. 단지 상사나 국가를 사랑하여서 매일 일하러 갈 수 있는 사람은 아무도 없습니다.

그들은 돈에 대해 하는 짓을 신유에 대해서도 똑같이 합니다. 그들은 당신이 왜 항상 신유에 대해 말하는지 의

아해 합니다. 그들은 그게 정말로 중요한 일인지 의문합니다.

신유는 정말로 중요한 일입니다. 하늘나라에 가서는 결코 신유가 필요치 않을 것입니다. 하늘나라에는 아무런 슬픔도 고통도 눈물도 없습니다. 그런 괴로움은 오직 이 세상에만 있는 것입니다. 하지만 하나님께서는 우리가 건강하게 살 수 있는 수단을 우리를 위해 마련해주셨습니다. 그래서 하나님께서는 우리가 그런 지식을 이용하기 원하십니다. 하나님께서는 우리가 괴로움을 겪거나 짓밟히는 것을 원치 않으십니다. 예수님께서는 우리가 병들지 않게 하시려고 십자가에서 돌아가셨습니다.

예수님께서 나병환자에게 "내가 원하노니 깨끗함을 받으라"(막 1:41)라고 말씀하셨습니다. 단순한 문장이지만 많은 것을 전달해주는 말씀입니다. 하나님께서는 우리가 병들기를 원치 않으십니다.

하나님은 당신이 치유 받으려고 하는 것 이상으로 당신을 기꺼이 치유하기 원하십니다. 하나님께서는 나사렛 예수님께 성령과 능력으로 기름을 부으셨습니다. 그리하여 예수님께서는 다니시면서 선을 행하고 사람들을 치유하셨습니다(행 10:38).

하나님께서는 이 목적 때문에 예수님께 기름을 부으셨습니다! 그러나 바리새인들과 같은 종교적인 사람들은 그 사실을 보지 못합니다. 당신은 예수님께서 베데스다 연못에서 38년간 병에 시달린 사람을 고치셨을 때 바리새인들이 비난했다는 사실을 알고 있습니까? 그들이 뭐라고 비난했습니까? 그날이 안식일이었다는 것입니다!(요 5:8-16) 그들이 이해하기로는 안식일에는 어떤 일도 해서는 안 되는 것이었습니다. 그런데 예수님께서 그 사람에게 "일어나 네 자리를 들고 걸어가라"(요 5:8)라고 말씀하셨기 때문에, 그들은 침상을 들고 가는 것을 일로 간주했습니다.

이 남자가 38년이나 고통을 당하는 동안, 누구도 안식일이 있다는 것을 기억하지 않았습니다. 그들은 안식일의 진정한 의미를 알지 못했던 것입니다. 묶여있었던 사람일지라도, 안식일은 자유롭게 되는 때였습니다. 안식일은 경축하고 안식하는 때였습니다. 안식일은 그저 집에 앉아 있는 날이 아니라, 기뻐하는 날이요, 문제로부터, 염려와 고통으로부터, 몸의 질환과 병으로부터 벗어나 안식하는 날이었습니다. 누구도 그에게 그 진리를 알려주지 않았지만 이제 예수님께서 그에게 고통으로부터 벗어나는 안식을 주시자, 그들 모두 찾아와서는 "오늘은 안식일이다."라고 외치고 있는 것입니다.

나는 이런 이유로, 신유와 번영을 설교하는 사역자를 비난하는 사람들이 안식일에 병을 고쳐주었기 때문에 예수님을 죽이려 했던 바리새인들만큼이나 비열하다고 말합니다.

아시다시피, 그들은 사람들에게 안식일이 아닌 다른 날에 회당으로 와서 치유를 받으라고 말했습니다(눅 13:10-14). 그들은 당신이 아프고 가난할 때는 동정을 베풀 것이지만, 당신이 그리스도 안에서 치유 받은 것을 말하기 시작하는 순간 당신을 주시하며 비난합니다.

하나님께서는 당신이 치유를 받기 원하는 것 이상으로 기꺼이 당신을 치유하기 원하십니다. 예수님께서는 우리가 태어나지도 않았을 때 우리의 죄 때문에 십자가에서 고난을 받으시고 우리의 고통을 친히 담당하셨습니다. 우리의 완전한 안녕을 열망하시는 자신의 뜻을 나타내시기 위해 하나님께서 그 이상 또 무엇을 하실 수 있었겠습니까?

좋은 인생은 당신 것입니다. 당신이 좋은 인생을 사는 것이 하나님의 뜻이며, 그것은 그리스도 안에 있는 당신의 유업입니다.

당신은 질병이 파괴되었다는 사실을 깨달아야 합니다. 질병은 당신의 몸에 거할 수 없습니다. 질병은 과거의 일이 되었습니다.

치유 - 자녀의 떡

당신은 거듭나기 전에 이미 치유를 받았습니다. 그리고 거듭난 순간 당신은 더 이상 치유를 필요로 하지 않게 되었습니다. 성경적으로 볼 때 우리는 치유를 필요로 하지 않습니다. 베드로는 그가 채찍에 맞음으로 너희가 나음을 얻는다are healed:현재 시제고 하지 않고, 너희가 나음을 얻었다were healed:과거 시제고 말했습니다(벧전 2:24). 베드로는 당신이 과거에 이미 치유되었다고 말했습니다. 당신은 치유를 얻은 후에 죽음으로부터 나왔습니다. 우리는 죽음으로부터 나온 자들입니다.

마태복음 15장에서 성경은 치유를 절실히 필요로 했던 한 가나안 여인의 이야기를 기록합니다. 그녀는 딸이 극심한 마귀의 억압을 받고 있었기 때문에 주님께 도움을 구하러 찾아왔습니다. 그녀가 주님을 따라다니며 울부짖었지만, 주님께서는 한마디도 대답하지 않으셨습니다. 그녀는 계속 예수님과 제자들을 따라다니면서 "주 다윗의 자손이여 나를 불쌍히 여기소서 내 딸이 흉악하게 귀신 들렸나이다"(마 15:22)라며 울부짖었습니다. 얼마 후에 제자들은 주님께 "이 여자가 우리를 귀찮게 하니 보내소서."라고 말씀드렸습니다. 그러나 예수님께서는 대답하여 "나는 이스라엘 집의 잃어버린 양 외에는 다른 데로 보내심을 받지 아니하였노라"(마 15:24)라고 말씀하셨습니다. 그러나 이 여인은 포기하지 않았습니다. 그녀는 계속해서 예수님과 제자들을 따라다녔고, 예수님께 와서 경배드리며 "주여 저를 도우소서"(마 15:25)라고 말했습니다. 이에 예수님께서는 그에 대해 대답만 하시면서 "자녀의 떡을 취하여 개들에게 던짐이 마땅하지 아니하니라"(마 15:26)라고 말씀하셨습니다.

자녀의 떡이 무엇입니까? 이 여인이 구하였던 것은 치유와 해방이었습니다. 그렇다면 자녀들은 누구입니까?

> 눅 13:10-17
> 예수께서 안식일에 한 회당에서 가르치실 때에 열여덟 해 동안이나 귀신 들려 앓으며 꼬부라져 조금도 펴지 못하는 한 여자가 있더라 예수께서 보시고 불러 이르시되 여자여 네가 네 병에서 놓였다 하시고 안수하시니 여자가 곧 펴고 하나님께 영광을 돌리는지라 회당장이 예수께서 안식일에 병 고치시는 것을 분 내어 무리에게 이르되 일할 날이 엿새가 있으니 그 동안에 와서 고침을 받을 것이요 안식일에는 하지 말 것이니라 하거늘 주께서 대답하여 이르시되 외식하는 자들아 너희가 각각 안식일에 자기의 소나 나귀를 외양간에서 풀어내어 이끌고 가서 물을 먹이지 아니하느냐 그러면 열여덟 해 동안 사탄에게 매인 바 된 이 아브라함의 딸을 안식일에 이 매임에서 푸는 것이 합당하지 아니하냐 예수께서 이 말씀을 하시매 모든 반대하는 자들은 부끄러워하고 온 무리는 그가 하시는 모든 영광스러운 일을 기뻐하니라

16절을 다시 보십시오. "열여덟 해 동안 사탄에게 매인 바 된 이 아브라함의 딸을 안식일에 이 매임에서 푸는 것이 합당하지 아니하냐?"

비록 저 여인이 깨닫지는 못했을지라도 그녀에게는 치유와 신성한 건강에 대한 권리가 있었습니다. 그녀는 아브라함의 딸이었습니다. 치유는 아브라함의 자녀의 떡입니다! 아브라함의 자녀인 그녀는 아파서는 안 되었습니다. 치유는 그녀의 유업의 일부였습니다. 하나님께서는 아브라함의 자녀에게 "너희 중에서 병을 제하리니(출 23:25), 내가 너에게서 모든 병을 제거할 것이요, 네가 아는 애굽의 어떤 악한 재앙들도 네게 두지 아니할 것이라(신 7:15). 마귀가 질병으로 너희를 묶으려고 할지라도 나는 여호와 라파, 곧 너희 치료자이니 네게서 질병을 제거하리라(출 15:26)."라고 말씀하셨습니다.

그러나 이것은 아브라함의 육신적인 후손들에게만 해당되었습니다. 그렇다면 우리는 어떻습니까?

갈 3:7, 29
그런즉 믿음으로 말미암은 자들은 아브라함의 자손인 줄 알지어다 … 너희가 그리스도의 것이면 곧 아브라함의 자손이요 약속대로 유업을 이을 자니라 우리도 아브라함의 자손이요, 약속의 상속자들입니다. 사실상 아브라함의 축복에 따른 물리적인 유익과 영적인 유익 모두가 우리에게 속해있습니다. 치유도 우리를 위한 것입니다! 치유는 우리의 유업의 일부입니다. 하나님께서는 우리가 사탄에게 매이는 것이나, 애굽의 질병 중 어떤 것이라도 겪는 것을 원치 않으십니다.

이 여인이 신유를 주장할 수 있는 유일한 권리가 그녀가 아브라함의 후손이라는 사실이었다면, 우리는 더 많은 권리를 가지고 있습니다.

예수님께서 우리의 죄와 질병 때문에 십자가에서 죽으셨으므로, 우리는 다시는 병에 걸릴 필요가 없습니다. 그리하여 예수님께서는 우리에게 생명을 주셨고(롬 6:23), 우리를 그분의 신성한 본성에 참여한 자가 되게 하셔서(벧후 1:4), 우리를 보통 사람 이상의 존재가 되게 하셨습니다.

치유는 당신에게 오고 있는 것이 아니라, 이미 당신 것이다

하나님께서는 우리를 치유하기 원하시며 아브라함의 자녀인 우리에게 치유가 유업의 일부라는 사실 말고도, 또 하나의 놀라운 진리가 있습니다. 그것은 치유가 지금 우리에게 오고 있는 것이 아니라, 이미 우리 것이라는 사실입니다!

참으로 하나님의 관점으로 보면 우리는 치유를 받고 있는 자들이 아닙니다. 치유가 지금 오고 있는 것이 아니라, 이미 우리에게 왔습니다. 제 말에 귀를 기울이십시오. 예수님께서 부활하시기 전에 십자가에서 이미 치유는 우리에게 임했습니다. 예수님께서 살아나신 지금, 성경은 "이와 같이 너희도 너희 자신을 죄에 대하여는 죽은 자요 그리스도 예수 안에서 하나님께 대하여는 살아 있는 자로 여길지어다"(롬 6:11)라고 말합니다.

우리는 하나님께 대하여 산 자이며, 새로운 종류의 생명을 가지고 있습니다. 질병은 더 이상 우리 것이 아닙니다. 당신은 이 사실을 이해할 필요가 있습니다. 치유는 하나님께로부터 옵니다. 그렇습니다! 그런데 하나님께서는 교회가 치유를 받게 되기를 기대하고 계십니까? 아닙니다! 우리는 하나님께서 치유를 주실 것을 바라보고 있는 자들이 아닙니다. 물론 치유가 자녀의 떡이므로(눅 13:10-17, 마 15:22-25), 우리는 하나님께서 치유를 주실 것을 바라볼 수 있습니다. 하지만 자녀가 성장하고 자라나면 더 이상 어린 자녀가 아닙니다. 그들은 명철이 자라났기 때문에 더 이상 어린 자녀가 아닙니다.

사 53:4-5
그는 실로 우리의 질고를 지고 우리의 슬픔을 당하였거늘 우리는 생각하기를 그는 징벌을 받아 하나님께 맞으며 고난을 당한다 하였노라 그가 찔림은 우리의 허물 때문이요 그가 상함은 우리의 죄악 때문이라 그가 징계를 받으므로 우리는 평화를 누리고 그가 채찍에 맞으므로 우리는 나음을 받았도다 we are healed

벧전 2:24
친히 나무에 달려 그 몸으로 우리 죄를 담당하셨으니 이는 우리로 죄에 대하여 죽고 의에 대하여 살게 하려 하심이라 그가 채찍에 맞음으로 너희는 나음을 얻었나니 ye were healed

이 두 성경구절은 치유라는 동일한 주제에 대해 말하지만, 매우 다릅니다. 이사야는 미래 곧 장차 이루어질 일을 내다보면서 예언을 하고 있었습니다. 그래서 이사야는 "그가 채찍에 맞으므로 우리는 나음을 받는다 are healed"라고 말했습니다. 예수님께서 언제 채찍을 맞으셨습니까? 십자가에서였습니다! 돌아가시기 전에 일어난 일이었던 것입니다. 그래서 이사야는 십자가를 내다보면서 우리가 치유를 받게 될 것을 알았습니다.

그러나 베드로는 달랐습니다. 그는 메시아의 시대를 살았습니다. 그래서 그는 이사야가 한 예언이 성취된 것을 보았습니다. 그는 예수님께서 채찍에 맞으시는 것을 목격했으며, 예수님의 용모가 사람이 알아볼 수 없을 정도로 망가지는 것(사 52:14)을 보았습니다. 그는 먼저 대제사장이 예수님께 안수하는 것을 보았고, 이어서 예수님께서 모든 인류, 곧 유대인과 이방인 모두를 위한 속죄제물이 되셨음을 나타내며 본디오 빌라도의 손에 넘겨지는 것을 보았습니다. 그는 예언이 성취된 것을 보았습니다. 그는 십자가에서 이루어져야 했던 모든 것이 성취되었다는 사실을 깨달았습니다. 그리하여 그는 그리스도인들에게 편지를 보내어 "그가 채찍에 맞음으로 너희는 나음을 얻었다 were healed"(벧전 2:24)라고 상기시켰습니다. 과거 시제를 사용하면서 그는 어떤 시점을 가리켰던 것일까요? 바로 십자가입니다.

나는 이 진리가 하나님의 모든 자녀의 심령에 깨달아지기를 간구합니다. 치유는 이미 우리 것입니다. 그것은 십자가에서 우리에게 임했습니다. 우리는 하나님께 치유를 구할 필요가 없습니다!

지금은 당신이 질병으로 울부짖을 때가 아닙니다. 질병은 마귀의 거짓말이며, 거짓 표적 a lying wonder일 뿐입니다. 의학은 그것을 증상이라고 부릅니다. 그리고 성경은

"거짓되고 헛된 것을 숭상하는 모든 자는 자기에게 베푸신 은혜를 버렸사오나"(욘 2:8)라고 말씀합니다.

치유 받는 믿음

전 세계의 많은 그리스도인들은 믿음에 대한 자신의 생각을 바꾸어야 할 것입니다. 우리는 믿음으로 행하라는 가르침을 받지 않습니다. 믿음은 우리의 생활 방식life style입니다. 당신은 사람들에게 숨 쉬라고 말해줄 필요가 없습니다. 그들은 자연스럽게 숨을 쉬기 때문입니다. 마찬가지로, 믿음은 우리의 생활 방식입니다. 거듭난 그 시점부터 당신에게 일어나는 일인 것입니다. 당신은 보는 것이 아니라 믿음으로 행하기 시작합니다(고후 5:7). 당신은 믿음으로 구원을 받았습니다. 성령 충만도 믿음으로 받았습니다. 당신은 하나님에게서 믿음으로 무언가를 얻으려고 애쓸 필요가 없습니다.

치유에도 똑같은 원리가 적용됩니다. 치유는 십자가에서 이미 당신에게 임했습니다. 그러므로 당신은 치유를 받으려고 다시 믿음을 행사할 필요가 없습니다. 그렇다면 무엇을 해야 할까요? "오, 주님 저는 믿음으로 행하고 싶습니다. 제가 믿음으로 치유를 받을 수 있게 도와주세요."라고 말하는 대신 다음과 같이 말하십시오. "나는 보는 것으로 행하지 않고 믿음으로 행한다. 나는 그리스도 예수로 인해 치유를 받았고, 여전히 그러한 상태이다. 나는 내가 느끼는 것에 의해 움직이지 않는다. 나는 예수의 이름으로 나의 치유를 지키며 주장한다."

이것이 믿음이 말하고 살아가는 방식입니다. 믿음이란, 하나님께서 당신의 소유라고 말씀하시는 것을 인정하고 받아들이는accept 것입니다. 즉 하나님께서 친히 누구라고 말씀하시는 그런 분이신 것을 받아들이고, 또한 당신 자신도 하나님께서 누구라고 말씀하신 그런 사람이고, 하나님께서 말씀하신 그런 위치에 있으며, 하나님께서 소유하고 있다고 말씀하신 것을 실제로 소유하고 있다는 것을 받아들이는 것입니다.

성경은 "두 사람이 뜻이 같지 않은데 어찌 동행하겠으며"라고 말씀합니다(암 3:3). 베드로가 예수께서 채찍에 맞으심으로 너희가 낫게 되었다고 성령을 힘입어 말했을 때, 당신은 이런 반응을 보여야 합니다. "하나님 감사합니다. 저는 치유 받았고 여전히 그러한 상태입니다."

누군가 이렇게 말했습니다. "하지만 저는 아직 통증을 느끼고 있는데요." 이것이 많은 사람들이 가진 문제입니다. 그들은 여전히 감각을 따라 행하고 있습니다. 그들은 감각이나 실험을 통해 입증할 수 없는 것은 아무것도 믿을 수 없습니다. 이는 너무나 어리석은 일입니다. 그들은 이미 자신들이 입증할 수 없는 많은 것들을 받아들여 왔기 때문입니다.

그들은 볼 수 있는 것을 믿습니다. 그들은 만지고 맛보고 들을 수 있으면 그것이 실재한다고 믿습니다. 그들은 자신의 감각이 그것이 실재한다고 말해주지 않으면, 그 실재를 믿지 않습니다. 그들에게 "치유 받았습니까?"라고 물으면, 그들은 "네, 하지만 아직도 통증이 느껴져요."라고 대답할 것입니다. 그래서 성경은 이렇게 선언합니다. "곧 육신[감각]의 자녀가 하나님의 자녀가 아니요"(롬 9:8)

부활하신 예수님께서 제자들에게 나타나셨지만, 도마는 그 자리에 없었습니다. 예수님께서 나타나셨다는 소식을 들었을 때, 그는 믿기를 거부하며 자기 손을 예수님의 옆구리에 넣어보고 자기 손가락을 예수님의 구멍 난 손에 대어 보지 않으면 믿지 않겠다고 말했습니다. 이 사람은 예수님과 삼 년 동안이나 함께 지내면서 그분이 행하신 모든 일을 보았지만, 못 박혔던 구멍을 보고 그 구멍에 손가락을 집어 넣어 보지 않고는 예수님께서 부활하셨다는 소식을 믿지 않겠다고 강변했습니다. 참으로 안타까운 일입니다.

예수님께서는 팔일 후에 다시 나타나셨는데, 이번엔 도마도 그 자리에 있었습니다. 그래서 예수님께서는 도마에게 와서 만져보고, 손을 옆구리에 넣어보라고 도마에게 강하게 권면하셨습니다. 주님이시라는 사실을 깨달은 도마

는 "나의 주님이시요 나의 하나님이시니이다"(요 20:28)
라고 부르짖었습니다. 그러나 예수님께서는 그를 바라보
시며 "도마야 너는 나를 본 고로 믿느냐 보지 못하고 믿는
자들은 복되도다"(요 20:29)라고 말씀하셨습니다. 왜일까
요? 왜냐하면 감각의 자녀는 하나님의 자녀가 아니기 때
문입니다. 감각에 근거하는 믿음은 믿음이 아닙니다.

믿음의 토대는 단 하나 뿐입니다. 바로 하나님의 말씀
입니다. 올바른 기독교의 토대를 갖는다는 것은 당신의
느낌이나 경험이 아닌, 말씀에 근거한 믿음을 갖는다는
뜻입니다.

우리는 살면서 때로 대단한 기적을 경험하고, 그런 기적
적인 표적들을 체험한 후에 참으로 믿음이 강해진다고 생
각합니다. 그러나 제 말을 들어보십시오, 기적이 믿음을
주지는 않습니다. 믿음은 하나님의 말씀으로 말미암는 것
입니다.

기적은 좋은 것이며 하나님께서 우리와 함께 하신다는
증거이지만, 우리의 믿음과 삶의 기초를 기적 위에 둘 수는
없습니다. 하나님의 말씀이 믿음의 유일한 토대입니다.

08

그리스도인이 병에 걸리는 이유
Why Christians Get Sick

우리는 앞서 치유가 십자가에서 이미 우리에게 임했으며, 하나님께서는 우리가 치유받기를 바라는 것 이상으로 기꺼이 우리를 치유하기 원하신다는 것을 알게 되었습니다. 그렇다면 그리스도인들이 왜 병에 걸리는 걸까요? 하나님의 많은 자녀들이 왜 고통 가운데 괴로워하는 걸까요? 여기에는 몇 가지 이유가 있습니다. 그러나 하나님께 감사드립니다. 하나님의 말씀으로 다스릴 수 없는 상황이란 없습니다.

지식 부족

호 4:6
내 백성이 지식이 없으므로 망하는도다 네가 지식을 버렸으니 나도 너를 버려 내 제사장이 되지 못하게 할 것이요

네가 네 하나님의 율법을 잊었으니 나도 네 자녀들을 잊어버리리라

이것이 하나님의 많은 백성이 질병에 걸리는 주된 원인입니다. 즉 그들에 대한 하나님의 말씀을 아는 지식과 깨달음이 없기 때문입니다. '망하다destroy'라는 단어는 '고난을 겪다suffer', '죽다perish'라는 단어와 동의어입니다. 그러므로 하나님의 백성이 지식이 없음으로 인해 고통을 겪는다고도 말할 수도 있습니다.

많은 그리스도인들은 삶의 다른 모든 주제에 대해서는 완벽하게 이해하고 있습니다. 가장 필수적인 주제인 하나님의 말씀만 제외하고 말입니다. 그들은 하나님께서 그들에 대해 말씀하신 것, 다시 말해 그들이 그리스도 안에서 누구이며, 무엇을 할 수 있고, 무엇을 가지고 있는지를 모르고 있습니다.

이것들에 대해 계시해 줄 수 있는 것은 오직 하나님의 말씀뿐입니다. 우리는 우리가 누구이며, 무엇을 할 수 있고, 무엇을 가지고 있는지 알아야 합니다. 당신은 당신이 누구인지 알아야, 어떻게 살아야 할지도 알게 됩니다. 당신은 기도할 필요가 없는 것들이 있음을 알게 될 것입니다. 우리는 하나님의 안식 안에서 태어났지만, 너무도 많은 그리스도인들이 그 사실을 알지 못하고 있습니다. 하나

님의 안식 안으로 들어갔다면, 당신은 하나님께서 그러하셨듯이 스스로 수고하고 애쓰는 일을 멈출 것입니다. 그러나 이 사실을 알지 못하면, 삶에서 고군분투할 것입니다. "이미 그의 안식에 들어간 자는 하나님이 자기의 일을 쉬심과 같이 그도 자기의 일을 쉬느니라"(히 4:10)

그러므로 우리는 반드시 하나님의 말씀을 이해해야 합니다. 하나님의 말씀을 이해하면 당신의 정체성에 대한 계시가 열릴 것입니다. 그렇게 되면 당신은 그렇게 살 수가 있습니다. 당신이 누구인지를 모르면, 절대로 그에 걸맞게 행동할 수 없기 때문입니다.

당신은 당신의 인생이 참으로 당신의 손에 달려있다는 사실을 알게 될 것입니다. 당신의 인생을 당신이 원하는 대로 만드는 일은 당신 자신에게 달린 것입니다. 하지만 마귀는 당신이 이 사실을 알기를 결코 원치 않을 것입니다. 마귀는 당신을 계속 무지와 속박 가운데 두려고 합니다.

성경은 우리가 하나님의 뜻대로 구한다면 그분께서 들으신다고 말합니다(요일 5:14). 이는 당신이 구하기 전에 먼저 하나님의 뜻을 알아야 한다는 뜻입니다. 우리가 하나님의 뜻을 어떻게 압니까? 하나님의 뜻은 그분의 말씀 안에 계시되어 있습니다. 당신이 하나님의 말씀을 알고 있다면 하나님의 뜻에 대해 걱정할 필요가 전혀 없습니다.

하나님의 말씀에 대한 지식이 부족해서는 안 됩니다. 바울이 항상 회심자들이 하나님의 뜻을 이해할 수 있도록 기도한 것은 놀랄 일이 아닙니다. 에베소 교회를 위해 바울은 하나님께서 그분을 아는 지식 안에서 지혜와 계시의 영을 그들에게 주시며, 그들의 이해의 눈을 밝혀주시기를 기도했습니다(엡 1:17-18). 골로새 교회를 위해 바울은 그들이 모든 지혜와 영적 지각 안에서 그분의 뜻을 아는 지식으로 충만케 되기를 기도했습니다(골 1:9).

나는 우리가 오늘날 교회를 위해서 이런 기도를 해야 한다고 믿습니다. 당신이 병들거나 고통을 겪는 것은 하나님의 뜻이 아닙니다. 그러나 하나님의 말씀에 무지하면 질병의 손아귀에 묶일 수 있으며, 특별히 일부 사역자들이 실제로 그렇게 가르치기 때문에 당신은 그것이 하나님께서 원하시는 바라고 생각할 수 있습니다.

그러나 하나님의 말씀을 알면, 그 말씀이 당신을 축복할 것입니다. 성경은 "지혜가 제일이니 지혜를 얻으라 네가 얻은 모든 것을 가지고 명철을 얻을지니라"(잠 4:7)라고 말씀합니다. 하나님께서 성령님을 주신 까닭은 우리가 하나님의 것들을 이해하는데 도움을 주기 위해서였습니다. 성령님은 우리가 무엇을 값없이 받았는지 깨닫게 하시며, 그중 하나가 바로 신성한 건강입니다.

고전 2:12
우리가 세상의 영을 받지 아니하고 오직 하나님으로부터 온 영을 받았으니 이는 우리로 하여금 하나님께서 우리에게 은혜로 주신 것들을 알게 하려 하심이라

예수님께서는 우리를 자유케 하려고 오셨으며, 그분께서는 아들이 자유롭게 하면 참으로 자유로우리라고 말씀하셨습니다(요 8:36). 예수님께서는 우리를 죄와 질병과 죽음과 가난으로부터 자유롭게 하려고 오셨습니다. 그러나 성경이 아닌 세상의 다른 어떤 책들도 이러한 정보를 주지 않습니다. 이것은 신문의 머리기사가 되지도 않습니다. 그러므로 당신은 하나님의 말씀이 당신 안에 풍성히 거하도록 내어드려야만 합니다.

하나님의 말씀이 당신 안에 풍성히 거하면, 당신은 하나님의 말씀 가운데 행하며 평생 그 유익을 누리게 될 것입니다.

잘못된 고백으로 우리의 영을 무너뜨림

인간의 영은 훈련될 수 있습니다. 당신이 거듭나면, 하나님의 말씀을 아는 지식이 당신의 인간의 영 안으로 전이됩니다. 당신의 영은 하나님에 대하여 살아납니다. 그러나

당신의 인간의 영이 다른 것을 믿도록 지속적으로 기만당하고 조작되면, 그 영은 하나님의 말씀을 이해하고 바르게 판단할 수 있는 능력을 상실합니다. 왜냐하면 그 영은 잘못 훈련되었기 때문입니다. 무엇이나 당신이 당신의 인간의 영에 지속적으로 주입하는 것은 당신에게 영향을 미칠 것입니다. 다시 말해 그것이 하나님의 말씀이면 당신에게 긍정적인 영향을 끼칠 것이고, 그것이 하나님의 말씀이 아니라면 당신을 오염시킬 것입니다.

딤후 2:25

거역하는 자those that oppose themselves;자기 자신에 반대하는 자**를 온유함으로 훈계할지니 혹 하나님이 그들에게 회개함을 주사 진리를 알게 하실까 하며**

여기에서 바울이 디모데에게 말하는 바는 무엇입니까? 바울은 자신의 영에 잘못된 정보를 밀어 넣음으로써 그들 자신의 거듭난 영에 반대하여 맞서는 일부 그리스도인들에 대해 말한 것입니다.

이는 주로 잘못된 고백, 즉 하나님의 말씀과 일치하지 않는 말을 함으로써 일어납니다. 사실 이것은 그리스도인들을 멸망시키려는 마귀의 전략 중 하나입니다. 바로 그리스도인들로 하여금 잘못된 고백을 통하여 자기 자신에게 맞서게 하는 것입니다.

아주 좋은 예가 욥입니다. 많은 사람들은 "주신 이도 여호와시요 거두신 이도 여호와시오니 여호와의 이름이 찬송을 받으실지니이다"(욥 1:21)라는 욥의 말이 하나님의 마음을 표현하고 있다고 믿습니다. 그러나 욥기를 제대로 공부하면 이것은 정확한 진리가 아니라는 점이 계시될 것입니다. 하나님께서는 욥에게 주시기만 하셨지 거두어 가지는 않으셨습니다.

마귀가 하나님의 존전에 와서 욥을 고소하기를, 하나님께서 그에게 주신 것 때문에 하나님을 섬기는 것뿐이지, 문제를 만나면 하나님께 등을 돌릴 것이라고 주장했습니다. (욥기 1장을 읽어보십시오.) 그리고 마귀는 심지어 하나님께서 욥의 모든 것을 울타리로 두르셨다고 말했습니다(욥 1:10). 마침내 하나님께서는 사탄에게 욥의 몸을 건드리는 것 말고는 욥이 가진 모든 것을 그의 손에 두신다고 말씀하셨습니다. 이는 욥에게 모든 문제를 가져온 장본인이 마귀라는 인상을 줍니다. 그러나 욥기 2:3를 읽어보면 또 다른 인상을 받게 될 것입니다.

욥 2:3
여호와께서 사탄에게 이르시되 네가 내 종 욥을 주의하여 보았느냐 그와 같이 온전하고 정직하여 하나님을 경외

하며 악에서 떠난 자가 세상에 없느니라 네가 나를 충동하여 까닭 없이 그를 치게 하였어도 그가 여전히 자기의 온전함을 굳게 지켰느니라

이를 보면 사실 욥에 임한 1장의 모든 재앙을 일으킨 장본인은 하나님이라는 인상을 줍니다만, 이는 진리와는 거리가 멉니다. 욥이라는 사람에 대한 어떤 특징을 살펴봅시다.

욥 3:25-26
내가 두려워하는 그것이 내게 임하고 내가 무서워하는 그것이 내 몸에 미쳤구나 나에게는 평온도 없고 안일도 없고 휴식도 없고 다만 불안만이 있구나

이것이 몇 가지 고난이 찾아온 후에 욥이 했던 탄식의 일부였습니다. 그런데 당신은 이것이 하나님께서 주변에 울타리를 두르고 계시던 사람에게서 나온 말이라고 상상할 수 있습니까? 우선, 우리는 욥이 이 보호의 울타리에 대해 무지했다고 결론을 내릴 수 있습니다. 둘째, 우리는 욥이 두려움 가운데 살았음을 알 수 있습니다.

욥은 두려움 가운데 살았습니다. 두려움은 믿음의 반대말입니다. 두려움은 원수에 대한 믿음이며, 믿음과 같이

말과 행동으로 표현됩니다. 그러므로 욥이라는 사람은 두려움이 거인처럼 일어나서 그를 묶을 때까지, 두려움 가운데 살고 두려움을 말하고 두려움을 행했습니다. 그는 자신이 안전하지 않다고 말했고, 그렇게 말한 순간 그를 보호하던 울타리가 파괴되었습니다.

욥은 스스로 자신을 무너뜨렸습니다. 하나님께서는 결코 누구도 악으로 시험하지 않으십니다. 성경은 하나님은 선하시며, 날마다 당신에게 베푸심을 더하신다고 말합니다(시 68:19).

전 10:8, 12
함정을 파는 자는 거기에 빠질 것이요 담을 허는 자는 뱀에게 물리리라 … 지혜자의 입의 말들은 은혜로우나 우매자의 입술들은 자기를 삼키나니

그렇다면 문제는 "누가 울타리를 허물었는가?"입니다. 하나님이셨습니까, 아니면 뱀의 모양을 한 사탄이 강제로 한 것입니까? 아닙니다! 울타리를 허문 것은 바로 욥이었습니다.

욥은 잘못된 고백으로 울타리를 허물었습니다. 하나님께서는 욥 주변에 울타리를 두르셔서, 그가 안전하게 지낼 수 있게 하셨습니다. 하지만 욥은 안전하지 않다고 말했습

니다. 실제로 욥은 자기가 안전하지 않았다는 사실에 대해 침묵하지 않았습니다. 그는 자기가 안전하지 않다고 모든 사람에게 말했고, 그렇게 말한 순간 스스로 보호의 울타리를 허물었던 것입니다!

하나님의 말씀과 일치하지 않는 것을 말하기 시작할 때, 당신은 스스로 울타리를 허무는 것입니다. 교제가 깨어지고, 옛 뱀 곧 마귀가 멸망시키려고 곧장 들어옵니다. 당신은 당신의 말로 자신을 무덤으로 보낼 수 있습니다.

사탄은 혼자 힘으로는 당신을 멸망시킬 수 없습니다. 성경이 히브리서 2:14에서 예수님이 죽음의 세력을 잡은 자 곧 마귀를 무력하게 하셨다고 말하기 때문입니다. 마귀는 전에는 죽음의 세력을 잡았으나, 지금은 더 이상 가지고 있지 않습니다. 사탄은 당신을 죽일 수 없습니다. 그래서 사탄이 시도하는 단 한 가지 일은, 당신이 당신 자신에 반대하게 하여서(딤후 2:25) 스스로 무너지게 만드는 것입니다.

그리스도인들에게 대적하는 사탄의 행동은 질병과 질환과 병약함입니다. 당신이 허락한다면, 그는 당신에게 질병을 주거나 당신이 죽게 할 수도 있습니다. 사탄은 당신으로 하여금 해서는 안 되는 말을 하게 하려고 애쓸 것이며, 당신이 그런 말을 한다면 그는 그것을 이용하여 당신에게 그 말대로 일어나게 할 것입니다. "우매자의 입술들은 자기를 삼키나니"(전 10:12)

이제 당신은 성경이 "죽고 사는 것이 혀의 힘에 달렸나니"(잠 18:21)라고 말하는 이유를 이해할 수 있습니다. 당신은 자신에게 생명을 말할 수도 있고, 당신의 몸에 질병과 죽음을 말할 수도 있습니다. 그리스도인으로서 우리는 주의해야만 합니다. 우리가 가진 생명은 능력의 생명이요, 통치의 생명이며, 살 가치가 있는 생명이지만, 선택은 당신에게 달려있습니다.

당신은 스스로에 대해 책임을 지고 당신의 몸에 생명을 말하는 법을 배워야 합니다.

게으름

대부분의 사람들이 이 사실을 받아들이지 않을 수도 있지만, 많은 사람들이 게으름으로 인해 죽습니다. 하나님의 말씀을 공부하는 것에 게으르고, 영에 속한 것들로 자신을 훈련하는 것에 게으르고, 하나님의 말씀을 적용하는 것에 게으르며, 마귀를 대적하는 것에 게으르기 때문입니다. 나는 왜 많은 사람들이 그렇게 하면 모든 것이 좋아질 것을 알면서도, 자신의 상황에 대고 말씀을 말하기를 어려워하는지 궁금합니다.

실제로 바울은 디모데후서 2:1에서 디모데에게 그리스도 예수 안에 있는 은혜 가운데 강건하며, 그 은혜를 사용하라고 권면했습니다. 당신에게 속한 것을 사용하십시오. 당신이 그것을 매일 말해야만 한다면, 무슨 수를 써서라도 매일 말하십시오! 결코 지나치지 않습니다.

사랑을 벗어나 행함

사랑을 벗어나서 행하는 것은 질병을 유발하며, 그리스도인들이 아프고 일찍 죽는 또 다른 원인입니다. 바울은 고린도 교회에 편지를 쓰면서 성만찬에 대해 말했습니다.

> 고전 11:27
> 그러므로 누구든지 주의 떡이나 잔을 합당하지 않게 unworthily 먹고 마시는 자는 주의 몸과 피에 대하여 죄를 짓는 것이니라

바울이 "합당하지 않은 상태로being unworthy"라고 말하지 않았다는 것에 주목하십시오. 왜냐하면 우리 모두는 그 떡과 그 잔을 먹고 마실 자격이 있기 때문입니다. 그 떡과 그 잔은 거듭난 우리를 위한 것입니다.

위 구절에서 잔을 합당하지 않게 마신다는 것은 태도를 말하는 것입니다. 이는 하나님의 자녀에게 어울리지 않는 태도로 성만찬에 참여한다는 뜻입니다.

고전 11:28-30 (한글킹제임스)

사람이 자신을 살펴보고 나서 그 빵을 먹고 그 잔을 마셔야 하리니 이는 주의 몸을 분별하지 못하고 합당치 않게 unworthily 먹고 마시는 자는 자신의 저주를 먹고 마시는 것이기 때문이라. 이 때문에 너희 가운데 많은 사람이 약하고 병들었으며 상당수가 잠들었느니라

"주의 몸을 분별하지 못하고" 이것이 많은 이들이 병들고 죽는 이유입니다! 즉 그리스도의 몸에 대한 계시를 갖지 못했다는 말입니다. 앞장인 고린도전서 10장에서 바울은 다음과 같이 질문했습니다. "우리가 축복하는 바 축복의 잔은 그리스도의 피에 참여함이 아니며 우리가 떼는 떡은 그리스도의 몸에 참여함이 아니냐 떡이 하나요 많은 우리가 한 몸이니 이는 우리가 다 한 떡에 참여함이라"(고전 10:16-17)

우리가 한 떡이요 한 몸이라고 말했을 때, 바울은 믿음의 일치 the unity of faith와 교회의 일치 the unity of the Church를 선언한 것이었습니다.

우리는 예수님과의 언약 관계, 그리고 우리 서로 간에 언약 관계에 속해 있습니다. 또한 언약 관계는 절대로 깨어져서는 안 되는 성스러운 관계입니다. 언약 관계를 파기한다면 따라오는 것은 바로 죽음이라는 형벌입니다. 이런 이유로 예수님께서 우리에게 사랑 안에서 행하라고 명령하셨던

것입니다. 그래서 우리는 사랑 안에서 행합니다. 왜냐하면 예수님의 피가 우리를 하나가 되게 했기 때문입니다.

제자들과 함께 한 마지막 저녁 식사에서 예수님께서는 "이것은 죄 사함을 얻게 하려고 많은 사람을 위하여 흘리는 바 나의 피 곧 언약의 피니라"(마 26:28)라고 말씀하셨습니다. 피를 흘리신 이유는 두 가지였습니다. 첫 번째는 새 언약을 세우기 위한 것이었고, 두 번째는 세상의 죄들을 씻기 위해서였습니다. 우리가 가장 먼저 고려해야 하는 점은 언약으로 말미암아 그 피가 우리를 하나가 되게 했다는 것입니다. 그러므로 나는 당신을 보호해야 하고, 당신은 나를 보호해야만 합니다. 또한 당신은 나를 돌볼 의무가 있으며, 나도 당신에게 그러합니다. 만약 그렇게 하지 않으면 당신은 문제에 빠질 수도 있습니다. 즉 당신이 나를 비난하여 말하거나 반대하여 맞선다면, 당신은 분명히 문제에 빠지게 된다는 것입니다. 그리고 그런 문제 중의 하나가 질병입니다.

당신은 사랑 안에서 행하는 것이 선택 사항이나 권고 사항이 아님을 깨달아야 합니다. 시온에 속한 자라면, 사랑 안에서 행하는 것은 당신의 의무 사항입니다. 그것은 자유인을 위한 새로운 법입니다.

요한이 성령을 힘입어 말하기를 사랑 안에서 행하지 않는 자는 누구나 어두움 속에 있으며, 그 어두움이 눈을 멀게 했기 때문에 볼 수 없다고 했습니다. 그러나 여전히 사랑 안에서 행하지 않는 그리스도인들이 있습니다.

사랑은 자기의 유익을 구하지 않습니다(고전 13:5). 하나님의 자녀인 당신은 자기의 유익을 구하지 아니하고 사랑 안에서 행하기로 마음을 정해야 합니다. 자신의 유익을 구하는 사람은 하나님을 섬길 수 없습니다.

고린도전서 13장은 무엇이 사랑이 아닌지를 설명함으로써 사랑에 대해서 알려 줍니다. 모든 하나님의 자녀는 사랑을 줄 수 있는 능력이 있지만, 모두가 주기를 원하는 것은 아닙니다. 다른 사람에게 전해지지 않고 표현되지 않는 사랑은 사랑이 아닙니다.

상대가 사랑을 받을 자격이 없다 할지라도, 심지어 당신에게 상처를 주었을지라도, 당신은 되돌려 주어서는 안 됩니다. 당신은 당신의 행동에 대해 하나님과 그분의 말씀 앞에 책임을 갖고 있습니다. 상대도 그의 행동에 대해 마찬가지입니다. 당신은 가장 먼저, 어떤 상황에서든 사랑 안에서 행할 것을 결단해야만 합니다(히 12:9-10).

사랑 안에서 행하지 않은 자들에게는 심판이 있습니다. 사랑 안에서 행하지 않는다는 것은 곧 하나님의 보호에서 벗어났다는 의미입니다. 당신이 사랑 안에서 행하기를 거절한다면, 이는 사탄의 공격과 질병과 죽음을 향해 당신의 생명을 활짝 열어주는 것입니다. 그리고 이러한 상황에서 당신은 승리할 수 없습니다.

놀랍게도, 그리스도의 몸 밖에 있는 자들에 대해서는 쉽게 사랑 안에서 행하지만, 그리스도 안에 있는 자들에 대해서는 사랑으로 행하지 않는 사람들이 있습니다. 우리는 때로 방문객과 낯선 이들을 만나면 더 공손하고 정중하게 대하면서, 믿음의 가족들에게는 돌변하여 불손하게 대하는 경향이 있습니다. 그러나 갈라디아서 6:10에서 언급하다시피, 그렇게 해서는 안 됩니다.

갈 6:10
그러므로 우리는 기회 있는 대로 모든 이에게 착한 일을 하되 더욱 믿음의 가정들the household:가족들에게 할지니라

갈 5:6
그리스도 예수 안에서는 할례나 무할례나 효력이 없으되 사랑으로써 역사하는 믿음뿐이니라

사랑을 벗어나서 행한다면 당신의 믿음은 역사할 수 없습니다. 그러므로 당신은 언제나 사랑의 보호 아래 계속 머물러 있어야만 합니다.

09

의 의식

Righteousness Consciousness

의의 정의

 의는 치유와 신유에 있어 아주 중요한 주제입니다. 그리스도 안에서 담대하고 승리하는 삶을 살기 위해서는 그리스도 안에서 우리에게 주어진 의에 대해 반드시 알아야 합니다.

 의는 하나님의 본성입니다. 이는 인간의 영에 전이되어 그 영 안에서 하나님의 올바름rightness of God을 만들어냅니다. 또한 의는 사람에게 하나님 앞에서의 바른 위치right standing with God와, 하나님의 임재 안에 죄책감과 열등감과 정죄감 없이 설 수 있는 능력을 줍니다.

 인간의 심령은 이 의를 끊임없이 갈망하는데, 이는 오직 그리스도 안에서만 발견할 수 있는 것입니다. 이 갈망이 세상의 모든 종교를 낳았습니다. 인간은 의로우신 하나님

임재 가운데 두려움 없이 서기를 원합니다. 그러나 이것은 그들의 능력 밖의 일이었고, 결국 그들은 자신이 무가치하다는 의식에 압도되어 하나님 앞에 의로운 자는 아무도 없다는 결론을 내리게 되었습니다.

그러나 이는 전혀 사실이 아닙니다. 당신이 거듭날 때 의는 즉각적으로 당신의 것이 됩니다.

고후 5:19, 21
곧 하나님께서 그리스도 안에 계시사 세상을 자기와 화목하게 하시며 그들의 죄를 그들에게 돌리지 아니하시고 화목하게 하는 말씀을 우리에게 부탁하셨느니라 … 하나님이 죄를 알지도 못하신 이를 우리를 대신하여 죄로 삼으신 것은 우리로 하여금 그 안에서 하나님의 의가 되게 하려 하심이라

당신은 의가 이미 온 세상의 계좌로 지불되었다는 사실을 알고 있습니까? 하나님께서는 온 세상을 자신과 화목하게 하시어 그들의 죄를 그들에게 돌리지 않으셨습니다. 당신이 거듭나기도 전에, 하나님께서는 이미 당신이 의를 얻을 수 있게 하셨습니다. 하물며 현재 거듭난 당신은 하나님께서 얼마나 귀하게 여기시겠습니까? 예수님께서는 우리로 하여금 그분 안에서 하나님의 의가 되게 하시려고

우리를 위해 죄가 되셨습니다! 모든 믿는 자들이 이 의에 대해 알고 그 유익을 누린다면 얼마나 좋을까요!

의 의식 대 죄 의식

어쩌면 의에 대한 지식보다도 의 의식righteousness consciousness이 더 중요합니다. 십자가에서 속죄제물이 되셨을 때 예수님께서는 우리 삶에 대한 죄의 지배를 멸하셨습니다. 그뿐 아니라, 그분은 죄 의식도 멸하셨습니다.

> 히 9:14
> 하물며 영원하신 성령으로 말미암아 흠 없는 자기를 하나님께 드린 그리스도의 피가 어찌 너희 양심을 죽은 행실에서 깨끗하게 하고 살아 계신 하나님을 섬기게 하지 못하겠느냐

죄 의식은 죄 자체보다 나쁜 것입니다. 죄 의식은 인간의 자존감을 훼손시키며, 그의 믿음을 약화시키고 효력이 없게 만듭니다. 이 죄 의식은 그리스도인으로 하여금 하나님의 임재 안에 있을 자격이 없다고 느끼게 합니다. 죄 의식은 대개 어떤 특별한 죄를 지은 결과로 오는 것이 아니라, 하나님의 임재 가운데 있을 수 있는 자신의 능력을 알

지 못하는 것에서 비롯됩니다. 이런 이유로 마귀는 그리스도인에 대적하는 도구로 죄 의식을 사용합니다. 일단 그리스도인들을 죄 의식의 영역에 묶어 두면, 계속해서 그들 위에 군림할 수 있음을 알기 때문입니다.

우리는 그리스도 안에 있는 우리의 의를 이해해야 합니다. 의는 우리의 본성이며, 하나님께서 값없이 주신 선물입니다. 의 의식은 담대함을 가져옵니다. 의는 자신의 권리를 알고 그에 따라 살아가는 두려움 없는 그리스도인을 만듭니다. 만약 당신이 아무런 열등감 없이 하나님의 임재 가운데 설 수 있다면, 마귀와 그의 모든 지옥의 무리들 앞에서도 설 수 있습니다. 당신이 담대하면, 당신의 믿음이 효력을 발휘하고 당신은 능력의 말을 말할 수 있습니다.

의 의식은 당신의 기도의 효과에 영향을 미칩니다.

약 5:16
그러므로 너희 죄를 서로 고백하며 병이 낫기를 위하여 서로 기도하라 의인의 간구는 역사하는 힘이 큼이니라

히 11:6
믿음이 없이는 하나님을 기쁘시게 하지 못하나니 하나님께 나아가는 자는 반드시 그가 계신 것과 또한 그가 자기를 찾는 자들에게 상 주시는 이심을 믿어야 할지니라

의 의식이 있으면 당신은 동요하지 않습니다. 사람들이 동요하는 주된 이유는 그들 자신에 대한 확신이 부족하기 때문입니다. 그들은 하나님께서 자신의 기도를 들으시는지 아닌지 확신하지 못합니다.

> 약 1:6-8
> 오직 믿음으로 구하고 조금도 의심하지 말라 의심하는 자는 마치 바람에 밀려 요동하는 바다 물결 같으니 이런 사람은 무엇이든지 주께 얻기를 생각하지 말라 두 마음을 품어 모든 일에 정함이 없는 자로다

여기가 바로 그리스도인들이 성공하기도 하고 넘어지기도 하는 영역, 곧 의 의식의 영역입니다.

사탄은 하나님께 그리스도인들을 고소하지 못합니다. 다만 당신에게 와서 당신의 혼에 의심의 화살을 던짐으로써 당신을 흔들려고 하며, 그것은 언제나 당신의 의 의식과 가치 의식을 훼손하려는 의도를 갖고 있습니다.

베드로는 성전 문에 있던 앉은뱅이에게 "내게 있는 이것을 네게 주노니 나사렛 예수 그리스도의 이름으로 일어나 걸으라"(행 3:6)라고 담대하게 말할 수 있었습니다. 그는 자신이 예수 이름을 사용할 권세를 가진 것을 알았을 뿐 아니라, 그분 앞에서 자신의 바른 위치가 무엇인지 알고

있었기 때문입니다. 바울은 점치는 영을 지닌 소녀 안에 있는 마귀에게도 "그에게서 나오라"(행 16:16-18)라고 두려움 없이 말할 수 있었습니다. 하나님 앞에서 자신의 바른 위치를 알고 있었기 때문입니다.

예수님을 보십시오. 그분은 나무와(막 11:13-20) 바다와 (막 4:37-39) 귀신들과(막 5:1-13), 생물과 무생물 모두에게 말씀하셨습니다. 왜입니까? 그분은 하나님으로부터 오셨고 하나님과 하나이셨기 때문입니다.

심지어 구약 성경의 여호수아도 자신과 하나님의 관계로 인해, 해와 달에게 승리를 거둘 때까지 움직이지 말라고 명령했습니다.

> 수 10:12-13
> 여호와께서 아모리 사람을 이스라엘 자손에게 넘겨 주시던 날에 여호수아가 여호와께 아뢰어 이스라엘의 목전에서 이르되 태양아 너는 기브온 위에 머무르라 달아 너도 아얄론 골짜기에서 그리할지어다 하매 태양이 머물고 달이 멈추기를 백성이 그 대적에게 원수를 갚기까지 하였느니라 야살의 책에 태양이 중천에 머물러서 거의 종일토록 속히 내려가지 아니하였다고 기록되지 아니하였느냐

그는 거듭나지는 않았지만, 자신과 여호와의 관계에 대

해 확신했습니다. 당신은 어떻습니까? 당신은 무엇을 하시겠습니까? 하나님께서는 이스라엘 자손들에게 애굽인들의 질병으로 고통 받지 않을 것이라고 말씀하셨습니다. 하나님께서 이스라엘 자손들에게 이렇게 말씀하실 수 있었다면, 하나님의 의인 당신에게는 어떻겠습니까? 당신은 하나님께서 당신에게 무엇을 원하신다고 생각합니까?

하나님께서는 당신이 그분께서 준비가 되시면 고쳐주시리라 소망하며 소심하게 행동하기를 원치 않으십니다. 하나님께서는 당신이 두려움 없고 담대하게 당신의 치유를 요구하고 주장하기를 원하십니다.

히스기야를 보십시오. 이사야가 히스기야에게 그가 죽을 것이라는 하나님의 메시지를 전하자, 히스기야는 얼굴을 벽으로 돌리고 하나님께 구하였습니다. 그 결과 하나님께서는 이사야에게, 돌아가서 히스기야에게 그의 날수를 15년 연장하겠다 말하라고 지시하셨습니다(사 38장). 그러나 우리 중 대다수는 히스기야가 아픈 동안 드렸던 기도의 자세한 내용을 알지 못합니다. 그는 하나님께 무어라고 말씀드렸을까요?

사 38:9, 16-19
유다 왕 히스기야가 병들었다가 그의 병이 나은 때에 기록한 글이 이러하니라 … 주여 사람이 사는 것이 이에 있고 내 심령의 생명도 온전히 거기에 있사오니 원하건대 나를 치료하시며 나를 살려 주옵소서 보옵소서 내게 큰 고통을 더하신 것은 내게 평안을 주려 하심이라 주께서 내 영혼을 사랑하사 멸망의 구덩이에서 건지셨고 내 모든 죄를 주의 등 뒤에 던지셨나이다 스올이 주께 감사하지 못하며 사망이 주를 찬양하지 못하며 구덩이에 들어간 자가 주의 신실을 바라지 못하되 오직 산 자 곧 산 자는 오늘 내가 하는 것과 같이 주께 감사하며 주의 신실을 아버지가 그의 자녀에게 알게 하리이다

이는 단지 병들어서 침울한 자의 울부짖는 기도만은 아닙니다. 이사야 38:20을 보십시오.

사 38:20
여호와께서 나를 구원하시리니 우리가 종신토록 여호와의 전에서 수금으로 나의 노래를 노래하리로다

이것은 한 병든 남자의 노래입니다. 그러나 그는 스스로를 절망적이고 암울한 자가 아닌, 치유 받은 자로 보고 있습니다. 히스기야는 자신이 처한 상황 가운데 하나님을 찬양하고 있었습니다. 왜냐하면 스스로를 치유 받은 자로 보았기 때문입니다!

당신은 하나님의 의입니다. 당신은 당신의 몸에 말할 수 있습니다. 마귀가 당신의 가정이나 몸을 건드린다면, 손을 떼라고 말하십시오. 하나님 앞에 당신의 바른 위치를 의식하여, 당신 안에서부터 담대함을 일으키십시오.

의는 다음의 세 가지 방식으로 당신의 것이 되었습니다.

- 의는 당신의 본성이다. It is your nature
- 의는 당신의 것으로 지불된 것이다. It was reckoned to you
- 의는 하나님께서 거저 주신 선물이다. It is a free gift from God

의는 당신의 본성이다

엡 4:24
하나님을 따라 의와 진리의 거룩함으로 지으심을 받은 새 사람을 입으라

새 사람이란, 당신을 가리키는 것입니다! 당신은 의와 참된 거룩함 안에서 창조되었습니다. 하나님께서 거룩하시듯이 당신도 거룩하며, 하나님께서 의로우시듯이 당신도 의롭습니다.

절대로 마귀가 당신의 의 의식을 훼손하도록 허락하지 마십시오.

의는 당신의 것으로 지불된 것이다

롬 4:3, 23-24 (한글킹제임스)
성경이 무엇이라고 말하고 있느냐? 아브라함이 하나님을 믿었더니 그것이 그에게 의로 여겨졌느니라. … 이제 그에게 의로 여겨졌다고 기록된 것은 아브라함만을 위한 것이 아니요, 의롭다고 여김을 받을 우리들 때문이기도 하니 곧 예수 우리 주를 죽은 자들로부터 살리신 그분을 믿는 자들이라.

아브라함이 그의 믿음의 결과로 의로 여겨졌듯이 우리가 그리스도를 통하여 하나님께 나와서 우리를 위한 그리스도의 희생의 효력을 믿을 때 그 의는 우리에게 동일하게 적용됩니다.

롬 5:1
그러므로 우리가 믿음으로 의롭다 하심을 받았으니 우리 주 예수 그리스도로 말미암아 하나님과 화평을 누리자

예수님께서 우리를 위해 십자가에서 행하신 일로 인해 우리는 의롭다고 선언되었습니다.
예수님께서 죽으셨을 때 우리도 죽었고, 예수님께서

묻히셨을 때 우리가 묻혔으며, 예수님께서 일어나셨을 때 우리도 일어났습니다. 따라서 의는 합법적으로 우리에게 속한 것입니다.

> 롬 9:31-32
> 의의 법을 따라간 이스라엘은 율법에 이르지 못하였으니 어찌 그러하냐 이는 그들이 믿음을 의지하지 않고 행위를 의지함이라 부딪칠 돌에 부딪쳤느니라

> 롬 10:3
> 하나님의 의를 모르고 자기 의를 세우려고 힘써 하나님의 의에 복종하지 아니하였느니라

이스라엘 민족은 아직 하나님의 의를 받지 않았습니다. 왜냐하면 그들은 여전히 그들의 행위에 의존하고 있기 때문입니다. 그러나 의는 당신의 행위의 결과로 당신에게 여겨진 것이 아닙니다. 만약 그랬다면, 그 의는 은혜에 속한 것이 아니고 행위에 속한 것이 되었을 것입니다(롬 4:4). 모든 인간의 의는 하나님 앞에서 더러운 걸레와 같습니다(사 64:6).

예수님께서 십자가에서 행하신 일을 당신 자신의 것으로 삼는 순간, 의가 당신에게 옵니다. 당신은 의를 얻기 위

해서 어떤 것도 할 필요가 없습니다. 아브라함은 하나님을 믿었습니다. 그것이 당신에게 필요한 전부입니다.

그리고 당신은 그것을 느낄 필요조차 없습니다. 당신은 하루는 거룩하다고 느끼지만 다음 날에는 죄인이라고 느낄 수도 있으며, 이는 곧 오르락내리락하는 삶을 살고 있다는 뜻입니다. 그러므로 당신은 느낌에 의존할 수가 없습니다. 당신은 인간이 되기 위해 인간처럼 느껴야 할 필요가 없습니다. 당신이 소 같다고 느낀다고 해서 소가 되는 것은 아닙니다. 의는 본성이며, 느낌은 당신의 본성과 아무런 상관이 없습니다.

의: 값없이 주신 선물

> 롬 5:17
> 한 사람의 범죄로 말미암아 사망이 그 한 사람을 통하여 왕 노릇 하였은즉 더욱 은혜와 의의 선물을 넘치게 받는 자들은 한 분 예수 그리스도를 통하여 생명 안에서 왕 노릇 하리로다

우리가 생명 안에서 왕 노릇하는 것이 값없이 주신 의의 선물과 연결되어있다는 것은 매우 흥미로운 일입니다.

의는 선물, 곧 값없이 주신 선물로 우리에게 주어졌습

니다. 당신은 값없이 주시는 선물을 얻기 위해 어떤 것도 할 필요가 없습니다. 의는 노력해서 획득하거나 성취하는 것이 아닙니다. 의는 값없이 주시는 선물입니다.

그러나 의가 당신에게 선물로 주어졌을지라도, 당신이 그 의를 의식하고 살지 않는다면 왕 노릇을 하지 못할 것입니다.

고전 1:30
너희는 하나님으로부터 나서 그리스도 예수 안에 있고 예수는 하나님으로부터 나와서 우리에게 지혜와 의로움과 거룩함과 구원함이 되셨으니

이 얼마나 아름다운 말씀입니까! 그리스도께서는 우리에게 지혜와 의와 거룩함과 구원함이 되셨습니다. 그리스도는 우리의 의입니다.

의의 결과

사 32:17
공의의 열매는 화평이요 공의의 결과는 영원한 평안과 안전이라

의의 열매work;행위, 곧 의가 우리 안에서 성취하고 생산하는 것은 화평입니다. 그리고 그 결과effect;효과는 영원한 평안quietness과 안전assurance입니다! 그리고 성경의 다른 곳에서는 "잠잠하고in quietness 신뢰하여야 힘을 얻을 것이거늘"(사 30:15)라고 말합니다.

그러나 병에는 어떤 화평도 없다는 사실을 우리는 모두 알고 있습니다.

시 107:17-18
미련한 자들은 그들의 죄악의 길을 따르고 그들의 악을 범하기 때문에 고난을 받아 그들은their soul;그들의 혼은 그들의 모든 음식물을 싫어하게 되어 사망의 문에 이르렀도다

이런 상황에 있는 자들의 혼은 음식을 싫어하게 됩니다. 하나님께서는 확실히 우리가 이 상황에 처하기를 원치 않으십니다. 물론 당신은 원할 경우 금식할 수 있지만, 병 때문에 금식할 필요는 없습니다.

의가 당신 안에서 온전히 열매를 맺고 그 결과를 내게 해 주십시오. 이런 일은 당신이 의를 의식하며 살 때 일어날 것입니다. 그러면 질병과 질환은 당신 앞에 무릎을 꿇게 될 것입니다.

10

치유에 이르는 단계
Steps to Healing

나는 당신을 질병으로부터 치유로 쏘아 올려 건강하게 유지시킬, 하나님의 말씀에서 나온 단순하지만 강력한 원리를 나누고자 합니다. 신약에는 새로운 시대에 맞는 새로운 원리가 있습니다. 구약에서는 행함과 순종을 강조한 반면, 신약에서는 그리스도 안에서 우리가 소유한 것들을 계속해서 누리게 할 더 위대하고 강력한 원리가 있습니다.

쳐다보고 치유 받아라!

내가 치유에 관해 당신과 나누고 싶은 첫 번째 원리는 '쳐다보고 치유 받아라look and be healed!' 입니다.

이스라엘 백성들은 광야에서 하나님께서 그들을 먹이신 만나에 대해 투덜거리고 불평함으로써 하나님께 죄를 지었습니다. 그 결과 하나님께서는 그들에게 뱀을 보내셨고, 그 뱀은 그들을 물어 많은 이들이 죽게 되었습니다.

그리하여 그들은 구해달라고 하나님께 부르짖었습니다. 그러자 하나님께서는 모세에게 무엇을 해야 할지 말씀해 주셨습니다.

민 21:8-9
여호와께서 모세에게 이르시되 불뱀을 만들어 장대 위에 매달아라 물린 자마다 그것을 보면 살리라 모세가 놋뱀을 만들어 장대 위에 다니 뱀에게 물린 자가 놋뱀을 쳐다본 즉 모두 살더라

요컨대 하나님께서는 그들에게 쳐다보면 살 것이라고 말씀하셨던 것입니다. 이는 예수님께서 신약성경에서 다시 말씀하셨기 때문에 매우 중요합니다.

요 3:14
모세가 광야에서 뱀을 든 것 같이 인자도 들려야 하리니

이스라엘 백성들은 반드시 놋뱀을 쳐다보아야 했습니다. 그것이 하나님께서 그들에게 말씀하신 바이고 그렇게 하면 치유를 받았을 것입니다. 나는 이미 성경에서 놋은

심판을 상징하기 때문에 금이나 은이나 나무가 아니라 놋을 사용하여 뱀을 만들었다고 설명했습니다. 그것이 바로 예수님께서 모세가 광야에서 뱀을 든 것 같이 인자도 들려야 한다고 말씀하신 이유입니다. 이는 인자가 십자가에 달리게 될 것이라는 의미입니다.

그리하여 십자가에 달리셨을 때, 예수님께서는 우리의 허물로 인해 심판을 받고 상처를 입으셨습니다. 그분은 우리의 죄악으로 인해 상하셨고 우리의 평화를 위해 징계를 받으셨으며, 그분이 채찍에 맞으심으로 우리는 낫게 되었습니다.

따라서 놋뱀은 사람들의 죄들에 대한 심판을 상징하며, 그들이 해야 할 일은 오직 그 놋뱀을 쳐다보고 치유를 받는 것이었습니다.

그리하여 모세는 놋으로 만든 뱀을 장대 위에 매달고 이스라엘 백성들에게 쳐다보라고 말했습니다. 어떤 이들은 "아니야! 나는 너무 아프고 고통이 심해서, 쳐다볼 수가 없어."라고 말했습니다. 그렇게 해서 그들은 죽었습니다. 다른 이들은 모세를 조롱하면서, 장대 위에 달린 뱀을 쳐다보라니 누구를 우롱하려는 것이냐며 반문했습니다. 그렇게 해서 그들은 죽었습니다. 그러나 하나님께 감사드립니다, 뱀에 물린 자 중에서 놋뱀을 쳐다보았던 사람들은 모두 치유 받고 살았습니다.

하나님께서 그들에게 하라고 하신 것은 아주 단순한 일이었습니다. 이미 뱀에 물렸지만, 하나님께서는 "쳐다보아라."라고 말씀하셨습니다. 단지 그것이 그들에 해야 할 일의 전부였습니다. 쳐다보면, 나을 것이었습니다. 그러나 어떤 이들은 쳐다보기를 거부하여 멸망했습니다.

이것은 신약에 속한 우리와 많은 관계가 있습니다. 이 단순한 원리가 우리에게도 적용되기 때문입니다. 하나님께서는 우리에게 그분의 말씀을 거울로 주셨습니다. 이 거울을 들여다 볼 때 당신은 하나님께서 당신에 대해 가지신 형상을 보며, 이 형상을 계속해서 보면 볼수록 당신은 하나님께서 본래 만드신 대로의 건강하고 형통하고 살아 있는 삶으로 변모하게 됩니다.

고후 3:18
우리가 다 수건을 벗은 얼굴로 거울을 보는 것 같이 주의 영광을 보매 그와 같은 형상으로 변화하여 영광에서 영광에 이르니 곧 주의 영으로 말미암음이니라

영광을 바라보면 볼수록 우리는 그와 동일한 형상으로 변화됩니다. 주님을 찬양합니다!

모세는 광야에서 놋뱀을 들어 올렸고, 뱀에게 물려서 죽어가는 자마다 그 놋뱀을 보면 즉시 치유되었습니다.

그들은 자신의 질병과 고통으로부터 눈을 떼고 놋뱀을 쳐다보아야 했습니다. 오늘날도 마찬가지입니다.

치유 받기를 원한다면, 질병이나 마귀가 한 일을 쳐다보지 말고, 대신 하나님의 말씀을 바라보십시오. 고통이 느껴질 수도 있지만, 그 고통과 상태로부터 잠시 당신의 마음을 돌려 하나님을 바라보십시오.

당신은 무엇을 보십니까? 때로 주위를 둘러볼 때, 당신은 마귀가 당신에게 보여주려는 것만 보기가 쉽습니다. 우리는 인간을 지배하는 질병과 고통과 죽음 등, 우리가 맞서 싸워야 하는 상황들을 발견합니다. 하지만 당신은 이 사실을 알아야 합니다, 당신이 무엇을 보느냐는 실제로 당신에게 달려있는 것입니다.

당신은 당신을 내리누르려는 문제들을 봅니까? 아니면 당신의 몸을 파괴하려는 세균이나 질병을 봅니까?

그러한 것을 바라보지 말고, 우리 믿음의 창시자요 완성자이신(히 12:2) 예수님을 바라보십시오. 당신이 할 일은 오직 이것입니다, 쳐다보십시오. 당신을 완벽한 건강 가운데 살게 하려고 예수님께서 돌아가셨던 십자가를 쳐다보십시오. "그가 채찍에 맞음으로 너희는 나음을 얻었나니"(벧전 2:24)라고 말씀하는 하나님의 말씀을 쳐다보십시오. 예수를 믿는 자는 누구든지 멸망하지 않고, 파괴될 수 없는 생명을 갖는다고 하시는 하나님의 선언을 쳐다보십시오. 우리의 생명이 되신 그분을 쳐다보십시오, 그러면 치유됩니다!

하나님을 경배할 때 당신의 심령은 그분께 향하며, 당신은 당신 주변의 악을 보지 않게 됩니다. 누군가 이러한 옳은 말을 했습니다. "태양을 바라보는 자는 그림자를 보지 않는다."

한 젊은 여인이 수년간 아팠습니다. 아무도 그녀를 도와줄 수가 없었고 그녀와 그녀의 부모는 많은 돈을 허비했지만, 마침내 죽을 수밖에 없다고 포기하기에 이르렀습니다.

이런 상태로 그녀는 집회에 참석하였고, 그녀가 질병과 고통 가운데 앉아 있는 동안, 그곳에서는 대단히 영광스러운 경배가 이루어지고 있었습니다. 그녀는 그 경배 가운데 이렇게 생각했습니다. "정말 놀랍다. 내가 인생에서 하나님을 경배할 기회가 있다면, 바로 지금이다."

그 시점에 그녀는 그녀의 질병을 놓고 나왔습니다. 그녀는 질병으로부터 눈을 떼고 하나님을 바라보았습니다. 그녀는 그 모든 고통 가운데 주님을 경배했습니다. 그때 그녀는 자기가 손을 들고 있다는 것을 알아챘습니다. 그 손은 움직이지 않던 손이었습니다. 순간 그녀는 생각했습니다. '어떻게 내 손이 위로 올라가는 거지? 오 하나님, 제가 미친 건가요?' 그녀는 오랫동안 너무도 비정상적으로 살아왔기 때문에, 더 이상 정상적인 것이 무엇인지 알지 못했던 것입니다. 그래서 지금 그녀는 치유를 받고도 무언가 잘못되었다는 결론을 내릴 뻔했습니다.

그러다 갑자기 그녀는 자신이 치유되었다는 것을 깨달았고, 옆 사람을 치면서 "저 좀 보세요. 저 나았어요. 저 나았어요."라고 말했습니다. 그리고 그녀는 간증을 하러 달려 나왔고, 울고 춤추며 기쁨에 겨워 이렇게 말했습니다. "저는 언제 이 일이 일어났는지 알지 못합니다. 그저 회중 가운데서 경배를 드리고 있었는데, 갑자기 완벽하게 치유되었어요. 할렐루야!"

당신의 입으로 말하고, 일어나라!

이는 또 하나의 강력한 원리입니다. 기독교는 위대한 고백이라 불립니다.

> 롬 10:9
> 네가 만일 네 입으로 예수를 주로 시인하며 또 하나님께서 그를 죽은 자 가운데서 살리신 것을 네 마음에 믿으면 구원을 받으리라

이것이 신약에 있는 왕국의 원리입니다. 무엇이든 당신이 일관되게 고백하는 것은 실재가 됩니다.

당신의 혀, 곧 당신의 말에 능력이 있습니다. 당신은 당신이 말하는 것은 무엇이든 갖게 될 것입니다. 오늘 당신의 삶은 어제 당신이 한 말의 결과입니다. 죽고 사는 것이 혀의 능력에 있습니다(잠 18:21). 당신은 당신의 몸에다 치유를 말함으로써 병상에서 일어나서 치유 받을 수 있습니다. 당신의 몸은 당신의 말에 반응할 것입니다. 당신은 "나는 치유되었고, 그 치유를 유지한다."라고 말할 수 있으며, 그대로 될 것입니다.

막 11:22-23
예수께서 그들에게 대답하여 이르시되 하나님을 믿으라 Have faith in God 내가 진실로 너희에게 이르노니 누구든지 이 산더러 들리어 바다에 던져지라 하며 그 말하는 것이 이루어질 줄 믿고 마음에 의심하지 아니하면 그대로 되리라

예수님께서는 제자들에게 하나님의 믿음을 가지라고 have the faith of God 말씀하셨습니다. 하나님의 믿음은 '말하는' 믿음입니다. 당신은 말하는 대로 얻게 됩니다. 하나님께서 교회에 주신 능력이 얼마나 놀라운지요! 그러므로 당신은 치유 받았다고 선언하고 일어나십시오.

하나님께서는 예수께서 채찍에 맞으심으로 당신이 나음

을 입었다고 말씀하셨습니다. 그러므로 당신도 같은 것을 말하고 일어나십시오. 믿음은 말과 행동을 통해서 표현됩니다. 말하는 것만으로는 충분하지 않습니다. 당신은 그것을 행해야 합니다.

성경에 나오는 혈루증 여인은 예수님에 관한 이야기를 듣고 그분의 옷자락을 만지겠다고 심령 가운데 작정했습니다.

막 5:25-29 (한글킹제임스)
십이 년 동안 유출병을 앓고 있는 어떤 여인이 있었는데 여러 의사에게서 많은 고통을 받았고, 또 가지고 있던 것도 모두 허비하였지만, 조금도 나아지지 아니하고 오히려 악화된지라. 그 여인이 예수에 관하여 듣고, 무리 속에 들어와 뒤에서 주의 옷을 만졌으니 이는 여인이 말하기를 '만일 내가 그분의 옷만 만져도 낫게 되리라.'고 함이라. 그러자 즉시 피의 유출이 마르고, 자기가 그 병고에서 나은 것을 몸으로 느끼더라

이 여인은 주님의 옷자락을 만지기만 하면 나을 것이라고 스스로에게 말했습니다. 그리하여 그녀는 치유 받을 믿음을 불러일으키기에 충분한 정보를 가졌습니다. 하지만 그녀는 말하는 데서 멈추지 않고, 무언가를 했습니다. 말하는 것으로는 충분하지 않습니다. 당신의 말은 그에 상응

하는 행동에 의해 지지를 받아야 합니다. 당신은 나았다고 말하면서 여전히 침대에 누워있을 수 없습니다. 당신은 일어나서 전에는 할 수 없었던 일을 해야만 합니다. 당신이 믿는 바를 실천하십시오.

베드로는 중풍으로 팔 년 동안 병상에 누워있던 애니아에게 "애니아야 예수 그리스도께서 너를 낫게 하시니 일어나 네 자리를 정돈하라"(행 9:34)라고 말했습니다.

베드로는 애니아에게 더 이상 병자의 위치를 고수하지 말고, 전에는 할 수 없었던 일을 하라고 말한 것입니다.

혈루증을 앓던 여인은 자신의 믿음을 행했기 때문에 치유를 받았습니다. 만약 그녀가 집에 머물러있었다면 그녀에 관한 이야기는 기록될 수 없었을 것입니다. 같은 내용이 오늘 당신에게도 적용됩니다. 말하고 일어나십시오. 당신의 말은 당신의 영에서 나온 믿음으로 가득 차 있어야 합니다. 믿음은 공식이 아닙니다. 믿음은 추측이 아니라 하나님의 말씀을 아는 지식에 근거하는 것입니다.

마 17:20
이르시되 너희 믿음이 작은 까닭이니라 진실로 너희에게 이르노니 만일 너희에게 믿음이 겨자씨 한 알 만큼만 있어도 이 산을 명하여 여기서 저기로 옮겨지라 하면 옮겨질 것이요 또 너희가 못할 것이 없으리라 제자들이 자기들이 마귀를 쫓아낼 수 없었던 이유를 묻자 예수님께서는 위의 말씀으로 대답해주셨습니다. 믿음으로 받기를 기대하면서 말하는 것을 배우는 그리스도인에게는 전혀 불가능이 없을 것입니다.

다른 사람들은 단지 당신이 행동하도록 도울 수 있을 뿐입니다. 사역자나 다른 그리스도인들이 당신이 치유를 받도록 안수할 수도 있습니다. 당신은 당분간은 그들의 믿음에 편승할 수 있지만, 곧 각성하여 당신의 입으로 원하는 바를 선언해야만 할 것입니다. 당신이 치유를 받기 위한 첫 번째 중요한 단계는 바로 당신의 입으로 치유를 선포하는 것입니다.

성경은 "여호와의 속량을 받은 자들은 이같이 말할지어다 여호와께서 대적의 손에서 그들을 속량하사"(시 107:2)라고 말씀합니다. 당신은 주님의 속량 받은 자요, 치유 받은 자입니다. 그 사실을 말하십시오!

하나님과 같은 말을 하기

성경은 "두 사람이 뜻이 같지 않은데 어찌 동행하겠으며"(암 3:3)라고 말씀합니다. 하나님의 건강 가운데 살 수 있는 최고의 길은 하나님께서 말씀하신 것과 똑같은 말을 하는 것입니다. 당신은 사람들이 예언하면서 "이는 내 생각이 너희의 생각과 다르며 내 길은 너희의 길과 다름이니라 여호와의 말씀이니라"(사 55:8)라고 말하는 것을 들어본 적이 있습니까? 이는 구약의 이사야서에서 나온 말씀입니다.

그러나 하나님께서 새로운 선지자를 보내 주셨습니다. 그분의 이름은 예수입니다. 예수님께서는 오셔서 이렇게 말씀하셨습니다. "내가 곧 길이요 진리요 생명이니"(요 14:6) 이제 예수님께로 나온 우리는 그 길로 들어갔습니다.

그러므로 이제 그분의 길이 우리의 길이며, 그분의 생각이 우리의 생각이 되었습니다.

고전 2:12-13
우리가 세상의 영을 받지 아니하고 오직 하나님으로부터 온 영을 받았으니 이는 우리로 하여금 하나님께서 우리에게 은혜로 주신 것들을 알게 하려 하심이라 우리가 이것을 말하거니와 사람의 지혜가 가르친 말로 아니하고 오직 성령께서 가르치신 것으로 하니 영적인 일은 영적인 것으로 분별하느니라

성령님은 하나님께서 우리에게 값없이 주신 것들을 알게 하시며, 우리는 하나님께서 주신 이것들을 반드시 말해야 합니다. 그래서 나는 성령님께서 가르치시는 말로 나의 치유를 말합니다. 또한 나는 성령님께서 가르치시는

말로 나의 번영을 말합니다.

나는 하나님께서 내가 누구라고 말씀하신 바로 그런 존재입니다. 그렇게 느껴지지도 않고 그렇게 보이지도 않을 수 있지만, 나는 하나님께서 누구라고 말씀하신 바로 그런 존재입니다. 그러므로 나는 반드시 그렇게 말해야만 합니다. 어떤 사람들은 기독교를 누리는 법을 알지 못합니다. 하나님의 원리를 이해하지 못하는 그들로서는, 그것이 어려운 일입니다. 그래서 그들은 고군분투합니다. 그러나 당신은 하나님과 똑같은 것을 말하고 받아들입니다. 왜냐하면 하나님께서 그렇게 말씀하셨기 때문입니다.

기도하는 것에도 새로운 길way:방식이 있습니다. 우리는 '하나님의 말씀'을 기도해야 합니다.

하나님께서는 우리에게 생명을 주셨으므로, 우리는 생명의 말씀을 말해야 합니다. 생명을 말하면, 당신은 생명을 갖습니다. 건강을 말하면, 당신은 건강을 갖습니다. 당신이 두려움을 말하면, 두려움이 거인처럼 일어나서 당신을 사로잡을 것입니다. 패배를 말하지 마십시오. 의심을 말하지 마십시오. 믿음을 말하고, 승리를 말하십시오. 질병을 말하지 마십시오. 당신의 생명은 당신의 손에 달려 있습니다. 당신이 말하는 것에 의해서 말입니다. 마귀는 당신을 멸망시키기 위해 당신 자신을 사용한다는 사실을 아십니까? 인생의 어떤 영역에서든 사탄이 당신을 좌절시키기 위해서는 당신의 협조를 필요로 합니다. 사탄이 당신에게 죽음을 말하기 위해서는 당신이 필요합니다. 사탄은 당신이 틈을 내어줄 때에만 들어와서 멸망시킬 수 있습니다.

당신은 당신의 삶에서 당신이 누구인지를 온전히 확신하는 지점에 이르러야 합니다. 그럴 때 당신은 상황이 어떠하든지, 당신에 대해 사람들이 하는 말이 아니라 하나님께서 하시는 말씀만을 말합니다.

잠 18:21
죽고 사는 것이 혀의 힘에 달렸나니…

성경에서 죽고 사는 것이 하나님의 힘에 달려 있다고 말하지 않는 것에 주목하십시오. 그렇습니다! 죽고 사는 것은 혀의 힘에 달렸으며, 혀를 사랑하는 자는 그 열매를 먹을 것입니다. 그러므로 당신은 스스로 죽음에 이르도록 말할 수 있고, 스스로 부족에 이르도록 말할 수도 있으며, 스스로 굶주림에 이르도록 말할 수도 있고, 스스로 공허에 이르도록 말할 수도 있습니다.

잠 4:23
모든 지킬 만한 것 중에 더욱 네 마음을 지키라 생명의 근원이 이에서 남이니라 당신은 왜 당신의 심령을 지켜야 할까요? 왜냐하면 당신의 심령은 오직 받아들인 것만을 당신을 위해 재생산할 것이기 때문입니다. 당신의 심령이 잘못된 정보를 받았다면, 그 심령은 잘못된 정보만을 재생산할 것입니다.

마 12:34
…이는 마음에 가득한 것을 입으로 말함이라

당신의 심령은 하나님의 말씀으로 훈련되었을 경우에만 확실히 지켜질 수 있습니다. 당신의 심령으로 무엇이 들어오는지는 전적으로 당신에게 달려있습니다. 이런 이유로 당신은 열심을 다해 당신의 심령을 지켜야 합니다.

많은 사람들이 말하는 바와는 달리, 마귀는 당신 안에 잘못된 생각을 억지로 집어넣을 수 없습니다. 왜입니까? 당신의 허락이 없다면, 새는 당신의 머리 위로 날아다닐 수만 있지 거기에 둥지를 틀 수는 없습니다. 그러므로 마귀가 당신을 억압하는 생각을 당신의 혼mind에 가져 올지라도, 당신은 그 생각을 거절하고 곱씹지 않을 수 있습니다.

고백이 수고가 되어서는 안 됩니다. 하나님께서 당신에 대해 하신 말씀을 고백할 때 당신은 그것을 믿으려고 애쓰지 않습니다. 당신은 그것을 믿기 때문에 고백하며, 고백하면 할수록 더 믿게 되고, 더 많은 믿음이 당신 안에서 일어날 수 있습니다. 당신의 말이 당신의 영에 감동을 불러일으킬 것이기 때문입니다.

어떤 사람들은 턱이 망가지도록 "나는 받습니다, 나는 믿습니다. 나는 받습니다, 나는 믿습니다. 그것은 내 것입니다, 그것은 내 것입니다!"라고 계속 소리칩니다. 당신은 마귀에게 모든 시간을 허비할 필요가 없으며, 당신이 할 일은 하나님을 찬양하고 그분께서 행하신 일에 감사드리기 시작하는 것입니다.

당신의 필요가 아닌 하나님의 공급을 말하라

무언가를 필요로 할 때 그리스도인인 우리가 진정 해야 할 일은, 필요를 말하는 것이 아니라 바로 하나님의 공급을 말하는 것입니다. 이런 이유로 당신은 아프다고 말해서는 안 됩니다. 당신에게 어떤 필요가 있다면 이렇게 말하십시오.

"아버지 감사합니다. 저는 예수의 이름으로 치유를 받습니다. 저는 예수의 이름으로 신성한 건강 안에서 살고 있습니다."

"나는 내가 좋은 인생을 사는데 필요한 것을 전부 가지고 있습니다. 모든 것이 나의 것입니다."

11

예수 이름 안에 있는 권세
Authority in the Name of Jesus

교회에게 예수의 이름은 지극히 중요하며, 우리는 그 이름에 대해 많은 것을 알아야 합니다. 성경에서 그 이름에 대해 말씀하시는 바를 이해한다면, 당신의 믿음은 강건해지고, 기도생활이 변화되며, 삶에 대한 태도에 영원히 영향을 받게 될 것입니다.

그 이름에 대한 지식을 얻으면, 당신은 당신 자신이 환경과 귀신을 다스리는 통치자master라는 지식도 함께 얻게 됩니다.

과거 어느 때보다도 더 교회는 우리에게 한 이름이 주어졌다는 사실을 이해해야 합니다. 모세의 이야기를 기억해 봅시다. 그는 사막 뒤쪽의 타는 가시떨불에서 처음으로 하나님을 만났습니다. 하나님께서는 모세에게 "네 손에 있는 것이 무엇이냐?"라고 물으셨고, 모세는 지팡이라고 대답했습니다(출 4:2). 그러나 모세는 다른 대답을 할 수도 있었습니다.

당신은 무엇을 가지고 있습니까? 어떤 사람들은 손에 성경을 쥐고 있으면서도 여전히 "아무것도 없습니다."라고 말할 것입니다. 그러나 모세는 "지팡이입니다."라고 대답했습니다. 비록 그는 하나님께서 그것을 가지고 무슨 일을 하실지 전혀 생각도 못했지만, 손에 지팡이를 들고 있었던 것은 사실이었습니다. 그러나 이 만남의 마지막에 하나님께서는 모세에게 그 지팡이를 가지고 가서 기적을 일으키라고 말씀하셨습니다. 우리는 지팡이보다 더 나은 것을 가지고 있습니다! 우리는 특별한 이름을 가지고 있습니다. 할렐루야!

교회에 주신 이름

나는 예수의 이름에 대해 몹시 흥분해 있습니다. 그 이름은 보통 이름이 아닙니다. 할렐루야! 그 이름은 한낱 종교 지도자의 이름이 아닙니다. 예수님은 종교 지도자가 아니십니다. 그분은 선지자보다 나은 분이십니다. 어떤 사람들은 예수 그리스도께서 위대한 선지자, 다시 말해 가장 위대한 선지자들 중 한 분이거나 심지어 가장 위대한 선지자라고 배웠습니다. 그러나 예수님은 선지자 이상의 존재이십니다.

행 4:10
너희와 모든 이스라엘 백성들은 알라 너희가 십자가에 못 박고 하나님이 죽은 자 가운데서 살리신 나사렛 예수 그리스도의 이름으로 이 사람이 건강하게 되어 너희 앞에 섰느니라

교회에게 단 하나의 이름이 주어졌습니다. 그 이름 안에는 하나님의 모든 능력이 있습니다. 그 이름은 바로 '예수'입니다.

그 이름은 능력을 지니고 있습니다. 그 이름은 모든 닫힌 문을 열고, 어떤 질병이든 멸할 것입니다. 당신 자신이나 가문의 이름으로는 이전에 할 수 없었던 모든 일을, 예수 이름으로는 할 수 있습니다. 누군가 이렇게 말합니다. "나는 평생 실패했습니다. 나는 늘 실패했습니다. 내가 손대는 것은 다 실패했습니다." 잘 들으십시오. 당신은 그 이름으로 성공할 수 있습니다. 당신은 예수 이름에 대한 계시를 취해야 합니다.

왜 하늘 아래 주신 다른 이름은 없을까요? '예수'라는 글자 자체의 표기나 발음은 중요하지 않습니다. 어느 나라에서나 대통령의 이름은 언제나 대통령 본인과만 연결됩니다. 얼마나 많은 동명이인이 있든지 상관없이, 그 이름을 언급하면 가장 먼저 그 대통령이 떠오르는 것입니다.

그는 그 시점에서 권세를 가진 유일한 인물입니다. 예를 들어 당신이 바로 지금 '오바마'라고 말하면, 전 세계의 누구든지 가장 먼저 미국의 대통령인 그 사람을 유일하게 떠올릴 것입니다.

예수의 이름은 "구원자"라는 의미입니다. 예수Jesus는 헬라어이고, 이는 히브리어로 "여호수아Joshua" 또는 "예수아Yeshua"라고 했습니다. 그러므로 히브리어로는 그분을 예수라고 부르지 않았습니다. 그들은 그분을 여호수아라 불렀습니다. 또한 그 이름을 영어로 번역한 것이 지저스Jesus입니다. 그러므로 핵심은 그 이름을 어떻게 표기하고 발음하느냐가 아닙니다. 남미에만 가도 헤수스Jesus라는 이름이 많습니다.

당신은 어떤 사람을 그의 이름으로부터 분리할 수 없습니다. 그 사람의 이름은 그를 확인시켜 주며, 그가 어떤 권세를 가졌든지 그 권세는 그의 이름 안에 부여되어 있습니다. 따라서 당신이 "나는 예수의 이름으로 간다."라고 말할 때, '예수의 이름'이란 예수님께서 가지신 모든 권세에 대해 말하고 있는 것입니다.

예수님은 세상을 구원하기 위해 죽임을 당하신 하나님의 어린 양으로서, 죽으시고 장사되셨습니다. 그러나 하나님께서 그분을 일으키셨고, 그분은 영광을 받기 위해 하늘로 가셨습니다. 그리고 성경에 따르면 그분은 그 권세를 받으셨고, 다락방에 있던 제자들에게 돌아오셨습니다. 요한 사도가 기록하기를 예수님께서는 당시 다락방의 문이 닫혀 있었음에도 불구하고 그 안으로 들어오셔서 그들 가운데 나타나시어 "너희에게 평강이 있을지어다 아버지께서 나를 보내신 것 같이 나도 너희를 보내노라"(요 20:21)라고 말씀하셨습니다. 그런 다음 예수님께서는 "하늘과 땅의 모든 권세를 내게 주셨으니 그러므로 너희는 가서 모든 민족을 제자로 삼아라teach:가르치라"(마 28:18-19)라고 말씀하셨습니다.

예수님께서 모든 민족을 가르치라고 하신 것은 그러므로 가서 모든 민족 앞에 성경을 펼치라는 뜻이 아닙니다. 예수님의 말씀은 그들을 앞에서 이끌라는 뜻이었습니다. 예수님께서는 "가서 모든 민족들을 앞에서 이끌어라"라고 말씀하신 것입니다.

이해가 되십니까? 예수님께서는 우리가 세상 사람들에게 가서 인생을 사는 법, 즉 풍성한 삶을 사는 법을 보여주어야 한다고 말씀하셨던 것입니다. 세상 사람들에게 그 길을 보여주십시오. "하늘과 땅의 모든 권세를 내게 주셨으니 그러므로 너희는 가서 모든 민족을 제자로 삼아 아버지와 아들과 성령의 이름으로 세례를 베풀고 내가 너희에게 분부한 모든 것을 가르쳐 지키게 하라"(마 28:18-20) 그런 후에 예수님께서는 "볼지어다 내가 세상 끝날까지 너희와 항상 함께 있으리라"(마 28:20)라고 말씀하셨습니다.

당신이 혼자가 아니라는 계시를 붙잡는 즉시, 당신의 인생이 변화될 것입니다. 오랜 시간이 걸리는 것이 아니라, 즉시 변화될 것입니다. 누군가는 예수님께 와서 "랍비여 우리가 당신은 하나님께로부터 오신 선생인 줄 아나이다 하나님이 함께 하시지 아니하시면 당신이 행하시는 이 표적을 아무도 할 수 없음이니이다"(요 3:2)라고 말했습니다. 그리고 그분이 바로 당신이 따르고 있는 분이십니다.

예수님께서 나무에게 말씀하셨을 때 그 나무가 순종한 것은 그리 놀랄 일이 아닙니다. 예수님께서 떡에게 말씀하시자 떡이 증가하였습니다. 예수님께서 동전 한 닢을 불러내시자 물고기가 동전을 물고 나왔습니다. 성경에서 이 내용들을 읽어보셨습니까? 예수님께서 사나운 바람과 파도를 향해 말씀하시자 그 바람과 파도가 잠잠해졌습니다. 예수님께서 소경의 눈을 향해 말씀하시자 눈이 열렸고, 귀머거리의 귀에다 말씀하시자 귀가 들렸습니다. 다리가 없던 절름발이가 일어나 걸었습니다. 예수님께서 손을 대었을 때 나병환자가 깨끗해졌습니다. 심지어 죽은 자에게 말씀하시자 그가 그분의 음성을 들었습니다. 할렐루야! 죽은 사람은 관 속에 누워 무덤으로 가는 중이었습니다. 예수님께서는 "청년아 내가 네게 말하노니 일어나라"(눅 7:14)라고 말씀하셨습니다. 그러자 사람들의 손에 들려 장사지내러 가던 그 사람이 일어나 앉았습니다. 할렐루야! 나사로는 죽은 지 나흘이나 지나 무덤에 장사되었지만 예수님께서 "나오라!"라고 불러내시자, 죽은 지 나흘이나 지난 사람이 수의로 꽁꽁 묶인 채 나왔습니다(요 11:43-44). 그는 주님의 음성에 깡충깡충 뛰며 나왔습니다! 할렐루야!

예수의 이름에는 특별한 것이 있습니다. 그분의 이름을 말하는 소리에, 모든 무릎이 꿇고, 귀신들이 떨며, 지옥이 진동합니다. 하나님께서는 예수의 이름 앞에 모든 무릎이 꿇게 된다고 선언하셨습니다. 그분께서는 모든 창조물에게 예수의 이름을 언급할 때 무릎을 꿇으라고 명하셨습니다.

하나님께서는 변화산에서 하늘로부터 "이는 내 사랑하는 아들이요 내 기뻐하는 자니 너희는 그의 말을 들으라"(마 17:5)라고 선언하셨습니다. 하나님께서는 삼라만상에게 예수님의 말씀을 들으라고 지시하셨습니다.

마귀를 제어할 능력

눅 10:19
내가 너희에게 뱀과 전갈을 밟으며 원수의 모든 능력power을 제어할 권능authority을 주었으니 너희를 해칠 자가 결코 없으리라 예수님께서는 우리에게 원수의 모든 능력을 제어할 능력을 주셨습니다. 성경에서는 '능력power'을 기술하기 위해 두 단어가 사용됩니다. 이는 두 개의 헬라어 단어로부터 나온 것입니다. 그중 하나는 변화를 일으킬 수 있는 힘 또는 능력을 의미하는 "두나미스dunamis"라는 단어에서 나왔습니다.

성령을 받았을 때 우리는 변화를 일으킬 수 있는 역동적인 능력을 받았습니다. 예수님께서는 "그러나 성령께서 너희에게 임하시면 너희가 능력power을 받으리니 그러면 예루살렘과 온 유대와 사마리아와 땅 끝까지 이르러 내게 증인이 되리라"(행 1:8)라고 말씀하셨습니다. 이것은 내재하는 능력입니다. 이 능력은 우리의 영 안에 있습니다.

그러나 위의 누가복음 10:19 말씀에서 예수님께서 말씀하신 것은 권세authority입니다. 우리는 우리가 가진 권세를 이해해야 합니다. 하나님의 모든 능력이 예수님께 부여되었고, 거듭난 자가 예수의 이름을 입술로 말하면 효력이 나타납니다. 권세는 위임된 능력delegated power으로서, 권세를 뜻하는 헬라어 단어 "엑수시아exousia"에서 나온 말입니다. 권세는 다른 사람을 대신해서 행동하는 권리입니다. 권세의 범위와 수행 한도는 그 권세를 지지해주는 능력에 달려있습니다. 권세는 당신에게 본인을 대신하여 행동할 수 있는 권리를 부여하는 이에게 달려 있는 것입니다. 그리고 예수님께서 우리에게 "내가 너희에게 뱀과 전갈을 밟으며 원수의 모든 권세를 제어할 권세를 주노니"(눅 10:19)라고 말씀하셨습니다.

누가복음 10:19에서는 두 단어가 사용됩니다. 우리는 원수의 모든 능력ability;dunamis을 다스릴 위임된 능력power을 받았습니다. 우리는 마귀와 그의 졸개들을 다스릴 권세authority;exousia를 받았습니다. 예수님께서는 원수의 일부 능력이라고 하지 않으시고 "모든all" 능력을 제어할 권세라고 말씀하셨으며, "너희를 해칠 자가 결코 없으리라"(눅 10:19)라고 말씀하셨습니다. 마귀가 얼마나 애쓰든지 또는 어떤 방법을 쓰든지 상관없이, 우리는 원수의 모든 능력을 다스릴 권세를 받았고, 마귀는 우리에게 아무것도 할 수 없습니다.

예수의 이름은 어떤 이름의 질병이든, 모든 질병을 다스릴 권능을 가지고 있습니다. 하나님께서는 예수님을 살리셔서 모든 이름 위에 높이셨습니다(엡 1:22). 암은 이름이고, 열병도 이름이며, 관절염도 이름입니다. 이름이 있는 것은 무엇이든지 예수 이름 안에 있는 우리의 권능에 복종합니다! 하나님께 감사드립니다! 이름이 없는 것은 없습니다. 심지어 그 이름이 '아무것도 아닌 것nothing'일지라도, 그럼에도 불구하고 그것도 이름입니다. 그리고 모든 것들이 예수의 이름 아래 있습니다!

만약 당신을 방해하는 것이 있다면, 당신에게는 지금 당장 예수의 이름으로 그것을 제어하여 쫓아낼 충분한 능력이 있음을 깨달으시기 바랍니다. 그게 큰일이든 작은 일이든 상관없습니다.

1985년에 말씀을 전하던 중에 나는 갑자기 내 눈에 돌 같은 것이 들어 있음을 느끼기 시작했습니다. 제거하려고 했지만 없어지지 않았고, 그 상태로 집회가 끝날 때까지 계속 말씀을 전했습니다.

때는 1985년 연례 캠프미팅 기간이었습니다. 당시 토요일 밤 집회에서 나는 "마귀와 담판을 지어라Show down with the devil"라는 주제로 말씀을 전했습니다. 그러던 다음 날, 내 눈은 빨갛게 되었고 눈물이 나면서 점점 부어올랐습니다. 누군가 내게 와서 "아폴로 눈병에 걸리셨군요."라고 말해주기 전까지 나는 그것이 무엇인지도 몰랐습니다. 나는 그때야 몇몇 다른 사람들도 똑같은 증상을 보이고 있다는 것을 눈치챘습니다.

나는 그때 아폴로 눈병에 대해 처음 경험했습니다. 그전에는 그런 병이 있는 것도 몰랐습니다. "아뿔싸!"라는 말이 나왔습니다. 내가 알지도 못하던 것이 이렇게 나를 공격했습니다. 눈을 문지르던 내내 그게 무슨 증상인지 알았더라면 무언가 조치를 취할 수도 있었겠지만, 나는 그저 돌조각인 줄로만 알았습니다. 나는 "멈춰!"라고 말했어야 했습니다. 그러나 누군가 '아폴로 눈병'이라는 이름을 말하기 전까지 나는 그것에 대해 몰랐습니다. 그래서 나는 방에 들어가서 이렇게 말했습니다. "예수의 이름으로 너는 내 몸에 머물지 못한다. 나는 뿌리부터 너를 저주한다. 내가 명하노니 너는 죽어서 내 눈에서 떠나가라." 그리고 이틀 정도 지나자 깨끗해졌습니다.

다음 해에 "아폴로 눈병"이 다시 유행하였고, 눈이 빨개진 사람들이 보이기 시작했습니다. 사람들은 이미 감염된 사람을 쳐다보기만 해도 전염될 수 있다고 했습니다. 전염성이 아주 강한 병이기 때문입니다. 나는 "예수의 이름으로 아폴로 눈병에 걸리지 않을 것이다."라고 말했습니다. 내 주위의 많은 사람들이 감염되었습니다. 그러나 나는 "나는 절대로 걸리지 않을 것이다."라고 말했습니다. 교제 모임에 가서도 아폴로 눈병에 걸린 사람이 몇 명 있었습니다. 나는 얼마나 많은 사람들이 나를 쳐다보든지 상관없이 아폴로 눈병에 걸리지 않을 것이라고 계속 주장했습니다. 말할 것도 없이 나는 걸리지 않았습니다. 나는 걸릴 수 없다고 말했고, 걸리지 않았습니다. 그리고 그 이후로도 걸린 적이 없으며, 앞으로도 그럴 것입니다.

보행 보조기를 한 사람

1986년에 나는 어떤 마을에서 전도 집회를 열고 그곳에서 많은 사람들에게 사역했습니다. 우리는 오후에는 치유 집회를 가졌고, 밤에는 옥외 집회를 가졌습니다. 수천 명이 이 집회에 참석했습니다. 일요일 오후에 치유 집회를 준비하는 동안, 나는 허리가 굽어 걸을 수 없는 한 남자가 집회 장소로 들어오는 것을 창문을 통해 보았습니다. 사람들이 그 사람을 데려오는 것을 보고, 나는 그날 오후에 그가 치유를 받도록 은밀히 기도했습니다.

사실 나는 그 사람에 대해 잊어버렸지만, 나중에 사역하는 동안에 그가 앞줄에 앉아있다는 것을 알아차렸습니다. 설교가 어떤 지점에 이르렀을 때, 나는 모두에게 일어나라고 말했습니다. 그 사람은 일어나지 않았습니다. 나는 그에게 일어나라고 강권했습니다. 그는 지팡이를 짚고 스스로 일어나려고 애썼습니다. 그 순간 나는, 그가 바로 집회에 미리 입장했던 그 사람임을 깨달았습니다. 그가 일어나려고 애쓰는 동안 지팡이가 바닥에 떨어졌고, 그는 그것을 잡으려고 했습니다. 그러나 나는 지팡이를 밟고 서서 "손대지 마세요."라고 말했습니다. 그때 그는 지팡이가 없이는 서 있을 수 없었기 때문에 다시 앉았습니다. 나는 그에게 앞으로 평생 지팡이를 쓰고 싶으냐고 물었습니다. 그는

"아닙니다!"라고 대답했습니다. 그래서 나는 그에게 다가가 그를 끌어올리면서 이렇게 말했습니다. "예수의 이름으로 걸어라!"

그다음 주목을 끄는 놀라운 일이 일어났습니다. 전에 허리가 굽어있던 사람이 곧게 펴져서 걷기 시작했고, 비록 처음에는 비틀거렸지만 몇 걸음을 뗀 후에는 흔들리기를 멈추고 완벽하게 걷기 시작했습니다. 나는 그를 위해 기도하지도 않았고, 그저 예수의 이름을 사용했을 뿐이었습니다. 군중들은 자제할 것 없이 흥분하며 기뻐했습니다. 그중에는 그 남자의 이전 상태를 아는 사람도 있었습니다. 예수의 이름에는 권능이 있습니다!

상피병자가 치유되다

우리가 주관한 집회에 두 다리가 아주 커다란 남자가 참석한 적이 있었습니다. 그것은 내가 평생 본 중 가장 큰 다리였습니다. 나는 예수의 이름으로 그 다리에게 말했습니다. 나는 그 다리에게 정상으로 돌아가라고 명했고, 붓게 만든 원인은 무엇이든지 드러나라고 했습니다. 당장 그 자리에서는 아무 일도 일어나지 않는 것처럼 보였지만, 나는 그 사람이 치유된 것을 알았습니다. 그런 다음 나는 그에게 할 수 있는 한 최선을 다해서 자리로 돌아가 보라고 말했습니다. 사흘 후 그 다리에서 몇 마리의 벌레가 나왔고, 다리는 정상으로 돌아왔습니다. 그 남자는 많은 사람들에게 간증을 나누었습니다. 또한 그는 자신을 치료하던 본국의 의사에게 간증을 나누기 위해 돌아가서, 예수 이름 안에 있는 권능을 증거 했습니다. 예수의 이름은 역사하며, 이 땅에서 권능을 지니고 있습니다. 할렐루야!

마귀 들린 소년

한 어린 소년이 우리가 주관한 집회에 참석했습니다. 그 아이를 데려온 사람들은 그가 병원에서 못된 짓을 하고 있었다고 말했습니다. 아이를 보았을 때, 우리는 그들이 한 말의 뜻을 이해했습니다. 그 아이는 모든 사람을 발로 차고, 온갖 못된 짓을 다 하고 있었습니다. 사람들은 그 아이가 버둥거리고 있는 동안 단단히 붙잡고 있어야 했습니다. 사람들이 놓아주면, 그 아이는 마치 강대상 위로 뛰어오를 것만 같았습니다. 나는 그 정체가 귀신임을 알았습니다. 정상적인 머리를 가진 사람이라면 누구도 그런 짓을 하지는 않을 것입니다. 그것은 마귀임에 틀림없었습니다. 그래서 나는 사람들에게 그 아이를 놔두라고 말했습니다. 사람들이 손을 떼자 나는 그 아이에게 "예수 이름으로 명하노니, 무릎으로 기어가라."라고 말했습니다. 그러자 그 아이는 곧장 무릎으로 기었습니다. 아이를 데려왔던 사람들은 깜짝 놀랐습니다. 그 아이는 예수의 이름으로 훈련을 받았습니다. 그런 다음 나는 마귀에게 말하고, 예수의 이름으로 그 아이에게서 나와서 떠나라고 명령했습니다. 그리하여 그 소년은 자유하게 되었습니다.

예수의 이름에는 권능이 있습니다. 할렐루야! 그 이름은 당신에게 마귀를 제어할 절대적인 지배권을 줍니다. 하나님의 자녀들은 그 이름의 배후에 있는 권능이 무엇인지, 또한 그 이름을 적용하는 방법이 무엇인지를 알아야 합니다.

예수님께서는 우리에게 마귀를 다스릴 권리를 주셨으며, 이 사실을 일찍 깨달으면 깨달을수록 더 유익합니다. 하나님의 자녀인 당신은 "귀신 전문가"의 도움을 찾을 필요가 없습니다. 여러분, 예수의 이름으로 마귀에게 말하십시오! 예수의 이름 안에 있는 당신의 권능을 깨달으십시오!

12

예수의 이름을 사용하기
Using the Name of Jesus

행 3:1-6

제 구 시 기도 시간에 베드로와 요한이 성전에 올라갈새 나면서 못 걷게 된 이를 사람들이 메고 오니 이는 성전에 들어가는 사람들에게 구걸하기 위하여 날마다 미문이라는 성전 문에 두는 자라 그가 베드로와 요한이 성전에 들어가려 함을 보고 구걸하거늘 베드로가 요한과 더불어 주목하여 이르되 우리를 보라 하니 그가 그들에게서 무엇을 얻을까 하여 바라보거늘 베드로가 이르되 은과 금은 내게 없거니와 내게 있는 이것을 네게 주노니 나사렛 예수 그리스도의 이름으로 일어나 걸으라 하고

베드로는 자신이 한 이름을 가지고 있다는 사실을 알았습니다. 그는 그 이름이 무엇을 할 수 있는지 알았으며, 그

이름을 사용하는 법도 알았습니다. 그는 "내게 있는 이것을 네게 주노니 나사렛 예수 그리스도의 이름으로 일어나 걸으라"(행 3:6)라고 말했습니다. 오! 아무것도 가진 것이 없다고 절대로 말하지 마십시오. 당신은 무언가를 가지고 있습니다. 당신에게 예수의 이름이 사용하도록 주어졌습니다. 세상을 위해 그 이름을 사용하십시오. 우리는 삶의 모든 분야에서 그 이름을 사용해야 합니다.

예수의 이름으로 요구하기

> 요 14:12-13
> 내가 진실로 진실로 너희에게 이르노니 나를 믿는 자는 내가 하는 일을 그도 할 것이요 또한 그보다 큰 일도 하리니 이는 내가 아버지께로 감이라 너희가 내 이름으로 무엇을 구하든지ask 내가 행하리니 이는 아버지로 하여금 아들로 말미암아 영광을 받으시게 하려 함이라

이것은 기도가 아닙니다. 많은 사람들은 위의 13절을 두고 예수님께서 기도에 대해 말씀하시는 것이라고 생각했습니다. 하지만 예수님께서는 '일을 하는 것'에 대해 말씀하신 것입니다. 예수님께서는 당신이 그분의 이름으로 무엇이든지 "구하면" 그분께서 행하시겠다고 말씀하셨습니

다. 헬라어에서 "구하다ask"라는 단어의 동의어 중 하나는 "요구하다demand"로서, 위 구절에서 그 단어가 사용되었습니다. 그러므로 실제로 예수님께서는 그분의 이름으로 요구하는 것에 대해 말씀하신 것입니다.

예수님께서 말씀하신 바는 곧 그분께서 그것이 이루어지는 것을 보증하신다는 것이었습니다. 예수님께서는 당신의 요구를 지지하는 충분한 능력이 있다는 사실을 당신이 알기 원하십니다. 당신의 요구 뒤에는 그것을 지지하는 신성이 있습니다. 예수님께서는 위 구절에서 "너희가 내 이름으로 요구하는 것은 무엇이든지 내가 그것이 이루어진다고 보증할 것이다."라고 말씀하십니다. 이것은 기도가 아닙니다. 예수님께서는 기도하는 법을 이미 가르치셨습니다. 이것은 기도와 같은 것이 아닙니다. 이것은 요구demand입니다.

우리는 예수의 이름으로 요구할 수도 있고 기도할 수도 있습니다. 그러나 위에 요한복음 14:13에서 예수님께서 우리에게 반드시 해야 한다고 말씀하시는 것은 그분의 이름으로 요구하는 것입니다.

말씀을 잘 공부해 보면 우리가 하나님 아버지나 예수님께 요구하는 것이 아님을 깨닫게 될 것입니다. 오히려 예수님께서는 그분의 권세로 우리의 요구를 지지해주실 것입니다. 당신은 어떤 사람을 그의 이름과 분리할 수 없습니다. 그분의 이름이 무언가를 했다면 이는 곧 그분께서 하셨다는 뜻이지만, 그분이 직접 일하고 있다는 뜻은 아닙니다. 그러나 당신이 그분의 권세를 사용하고 있다면 당신은 그분께서 하셨다고 말할 수 있을 것입니다. 그래서 우리는 주 예수님께서 기적을 행하셨다고 간증합니다. 왜입니까? 바로 그분의 이름이 그 기적을 일어나게 하셨기 때문입니다.

베드로가 성전 문 앞에서 행한 것이 바로 이런 일이었습니다. 그는 이렇게 말했습니다. "은과 금은 내게 없거니와 내게 있는 이것을 네게 주노니 나사렛 예수 그리스도의 이름으로 일어나 걸으라"(행 3:6) 베드로는 그 사람에게 일어나 걸으라고 명했습니다. 그는 하나님께 요구하지 않았습니다. 예수님께 요구하지도 않았습니다. 그는 "나사렛 예수 그리스도의 이름으로 일어나 걸으라"(행 3:6)라고 말했습니다. 이것은 기도가 아니라, 그 사람이 예수의 이름으로 걸어야 한다고 요구하는 것입니다. 후에 베드로는 예수의 이름을 믿는 믿음이 그 사람을 강하게 하였다고 간증했습니다(행 3:16). 그것이 예수님께서 "내가 행하리라"(요 14:14)라고 하신 말씀의 실제적인 의미입니다.

그러므로 우리는 예수의 이름으로 요구할 수 있습니다. 많은 그리스도인들이 고통당해서는 안 될 경우에도 고통당하고 있습니다. 당신이 당신 몸에 요구해야 합니다. 당신이 건강한 상태에 있지 않다면, 예수의 이름으로 건강해지라고 당신 몸에 요구할 수 있습니다.

종양이 있던 여인

나는 종양이 있던 한 여인을 기억합니다. 나는 그녀에게 자신의 종양에다 손을 얹으라고 말했고, 그래서 그녀가 그렇게 했을 때 나는 그 종양을 가리키면서 예수의 이름으로 없어지라고 명령했습니다. 내가 그렇게 말하자, 종양이 움직였습니다. 그녀는 실제로 종양이 움직이는 것을 느꼈습니다. 나는 다시 종양을 향해 "예수의 이름으로 너는 그녀 안에서 돌아다니지 않을 것이다."라고 말하면서, 그녀 몸에서 나오라고 명했습니다. 그리고 그렇게 되었습니다. 종양은 사라졌습니다. 우리는 예수의 이름을 사용할 수 있습니다.

'혹'이 예수의 이름에 무릎을 꿇다

등에 툭 튀어나온 혹을 달고 있는 남자가 있었습니다. 그 혹은 달걀보다 더 컸습니다. 혹에 손을 얹자, 아주 크게 느껴졌습니다. 그러나 나는 그 혹에게 예수의 이름으로 움직이라고 명했습니다. 혹은 처음에는 안으로 들어갔다가 밖으로 나왔습니다. 나는 그 움직임을 실제로 느꼈습니다. 그런 다음 다시 예수의 이름으로 제거되라고 말하면서 밀어대자, 그것은 사라졌습니다. 전에 혹이 있던 자리는 평평하게 되었고, 손바닥으로 그 자리를 문지를 수 있었습니다. 정말이지 그것은 기적이었습니다. 예수의 이름은 역사합니다. 당신은 그 이름을 사용해야만 합니다.

예수의 이름이 물을 끌어오다

어떤 형제가 제게 간증을 나누었습니다. 그는 오랫동안 건물 내 수도관을 통해 물을 받지 못했습니다. 실제 그 기간은 몇 년이나 되었습니다. 그 무렵 그는 예수의 이름을 사용하는 것을 깨닫게 되었습니다. 그는 곧장 밖에 있는 수도꼭지로 가서 손을 얹고는 "나는 예수의 이름으로 이 수도꼭지를 통해 물이 나올 것을 명한다."라고 말했습니다. 그러자 즉시 수도꼭지로부터 물이 흘러나오기 시작했습니다. 영의 영역에서 보는 법을 배울 때, 무언가 달라진다는 사실을 당신은 알고 있습니다. 그 사람은 다만 수도꼭지를 쳐다보고 "내가 이 이름을 사용하면, 그 이름이 내게 물을 끌어올 거야."라고 생각했을 뿐입니다. 그 이름이 할 수 없는 일은 전혀 없습니다. 당신을 위해서 그 이름을 사용하십시오!

예수의 이름으로 기적을 행하기

막 16:15-18
또 이르시되 너희는 온 천하에 다니며 만민에게 복음을

전파하라 믿고 세례를 받는 사람은 구원을 얻을 것이요 믿지 않는 사람은 정죄를 받으리라 믿는 자들에게는 이런 표적이 따르리니 곧 그들이 내 이름으로 귀신을 쫓아내며 새 방언을 말하며 뱀을 집어올리며 무슨 독을 마실지라도 해를 받지 아니하며 병든 사람에게 손을 얹은즉 나으리라 하시더라

누구에게 표적이 따른다고 했나요? 누가 마귀들을 쫓아내고 병자에게 안수하며 새 방언으로 말해야 한다고 했나요? 복음 전도자입니까? 주교입니까? 교황입니까? 아니면 오직 영적 체험이 있는 그리스도인만이 그래야 한다고 했나요? 여태껏 당신의 사고방식이 그러했다면, 그런 것들은 집어치우십시오! 마가복음 16:15-18을 다시 읽어보십시오. 하나님의 말씀은 계시입니다. 표적은 믿는 자들에게 따르는 것입니다! 예수님을 고백하여 거듭나고 예수의 이름을 믿은 모든 사람 말입니다. 모든 그리스도인은 자격이 있습니다.

그리고 이것은 약속이 아닙니다. 물론 약속처럼 들리지만, 약속이 아닙니다. 예수님께서는 여기에서 우리가 마귀들을 쫓아낼 것이고 병자를 고칠 것이라고 약속하고 계신 것이 아닙니다. 이것은 믿는 자의 선언declaration입니다.

한 가지 질문하겠습니다. 당신이 병든 자에게 안수하여 치유할 수 있다면, 당신 자신의 몸은 어떻겠습니까? 다른

사람의 몸이 당신의 말에 귀를 기울인다면, 당연히 당신의 몸도 당신의 말에 귀를 기울일 것입니다. 당신은 당신의 몸에 말할 수 있습니다. 당신은 당신의 머리에 안수하여 온전케 되라고 명령할 수 있습니다.

귀신들은 여러 가지 방식으로 사람들에게 영향을 줍니다. 때로는 마귀들이 사람들의 사업과 가정과 재정과 몸을 망가뜨립니다. 그러나 하나님께서는 우리가 그리스도 안에서 우리에게 속한 것이 무엇인지를 알기 원하십니다. 하나님께서는 믿는 우리를 향한 그분의 능력의 지극히 크심을 우리가 알기를 원하십니다. 우리를 향한 이 능력은 그리스도를 죽은 자들로부터 일으키셔서 하늘에서 자신의 오른편에 앉히셨을 때 그리스도 안에서 내보이신 능력과 동일한 능력입니다.

그리고 하나님께서 예수님을 죽은 자들로부터 일으키시기 위해 그분께 자신의 능력을 보내셨을 때, 동시에 우리에게도 그 능력을 보내셨습니다. 하나님께서는 우리를 그리스도 예수와 함께 일으키시어, 정사들과 권세들과 능력과 통치와 이름 지어진 모든 이름 위에 뛰어나게 하셨습니다. 성경이 "그의 아버지 하나님을 위하여 우리를 나라와 제사장으로 삼으셨다"(계 1:6)라고 말하는 것은 그리 놀랄 일이 아닙니다.

13

질병에 대한 통치권
Dominion over Diseases

그리스도인으로서 우리는 우리의 삶에 있어 두 가지 중요한 점을 깨닫습니다. 그중 하나는 통치하는 삶life of dominion이며, 다른 하나는 예배하는 삶life of worship입니다. 통치하는 삶이란 당신이 예수 그리스도를 통하여 삶의 환경을 다스리는 것을 의미합니다.

회복된 통치권

인간은 통치권을 갖도록 창조되었습니다. 타락하기 전 아담은 하나님의 나머지 피조물들에 대해 전적인 통치권을 행사하였습니다.

창 1:28

하나님이 그들에게 복을 주시며 하나님이 그들에게 이르시되 생육하고 번성하여 땅에 충만하라 땅을 정복하라, 바다의 물고기와 하늘의 새와 땅에 움직이는 모든 생물을 다스리라 하시니라

시 8:4-6

사람이 무엇이기에 주께서 그를 생각하시며 인자가 무엇이기에 주께서 그를 돌보시나이까 그를 하나님보다 조금 못하게 하시고 영화와 존귀로 관을 씌우셨나이다 주의 손으로 만드신 것을 다스리게 하시고 만물을 그의 발 아래 두셨으니

이런 이유로, 사람이 타락 이후에도 모든 종류의 짐승을 길들이는 모습을 볼 수 있는 것입니다. 실제로 성경은 사람이 길들이지 못한 짐승은 없다고 증거합니다(약 3:7).

몇 년 전, 집회가 끝난 후 밤에 집으로 가던 길이었습니다. 거리를 걷고 있는데 험악하게 생긴 개 세 마리가 갑자기 나를 향해 달려들었습니다. 내가 그 커다란 개들을 피해 도망칠 방법은 없었습니다. 그런데 갑자기 아이디어가 하나 떠올랐고, 나는 딱 버티고 서서는 "앉아!"라고 소리쳤습니다. 그러자 세 마리의 개들이 즉시 앉았습니다. 그

세 마리가 모두 앉았다는 뜻입니다. 물론 나는 그 개들이 다시 정신을 차려서 달려들고 짖어대기 전에 재빨리 그곳을 벗어났습니다.

정말 중요한 것은 그 험악하게 생긴 개 세 마리가 어떻게 내 말에 복종했는가 하는 것입니다. 내가 단추를 누르자, 비록 나는 그 원리를 이해하지 못했지만 그것은 나를 위해 작동했습니다. 그것은 바로 인간의 영에 있는 통치권이었습니다. 그러나 나는 당시 그것을 이해하지 못했습니다.

인간의 영은 통치권을 가지고 있지만, 인간이 하나님께 불순종하였을 때 죄가 인간에 대한 통치권을 획득하였고, 그때 이후로는 죽음이 인간을 다스렸습니다. 그러나 하나님을 찬양합니다, 예수님께서 오셔서 죽음을 패배시키셨고, 이제 죽음은 더 이상 우리를 다스리지 못합니다.

고린도전서 15:26은 "맨 나중에 멸망 받을 원수는 사망이니라"라고 말합니다. 죽음은 이미 패배 당했으며, 예수님께서 재림하실 때 멸망 받게 될 것입니다. 초림 때 예수님께서는 모든 사람을 위해 죽음을 맛보셨습니다. 예수님께서는 마귀를 패배시키시고 그에게서 사망과 음부의 열쇠를 빼앗으셨습니다.

히 2:14-15
자녀들은 혈과 육에 속하였으매 그도 또한 같은 모양으로 혈과 육을 함께 지니심은 죽음을 통하여 죽음의 세력을 잡은 자 곧 마귀를 멸하시며destroy 또 죽기를 무서워하므로 한평생 매여 종 노릇 하는 모든 자들을 놓아 주려 하심이니

계 1:17-18
… 그가 오른손을 내게 얹고 이르시되 두려워하지 말라 나는 처음이요 마지막이니 곧 살아 있는 자라 내가 전에 죽었었노라 볼지어다 이제 세세토록 살아 있어 사망과 음부의 열쇠를 가졌노니

우리는 속박되었었지만, 이제는 해방되었습니다. 예수님께서는 우리를 해방시키기 위해 죽음으로 넘겨지셨습니다. 예수님께서는 죽음의 세력을 가진 자를 멸하기 위해 죽으셨습니다. "멸한다destroy"는 말은 "마비시킨다paralyze"는 뜻입니다. 따라서 예수님께서는 죽음의 세력을 가진 자, 곧 마귀를 마비시키신 것입니다. 그것은 요한이 요한일서 3:8에서 "이 목적으로 하나님의 아들이 나타나셨으니 곧 마귀의 일들을 멸하시려는 것이라"라고 말한 것과 같은 것입니다. 예수님께서는 마귀의 일들을 멸하고

인간에게 통치권을 회복시키려고 오셨습니다.

롬 6:9-11
이는 그리스도께서 죽은 자 가운데서 살아나셨으매 다시 죽지 아니하시고 사망이 다시 그를 주장하지 못할 줄을 앎이로라 그가 죽으심은 죄에 대하여 단번에 죽으심이요 그가 살아 계심은 하나님께 대하여 살아 계심이니 이와 같이 너희도 너희 자신을 죄에 대하여는 죽은 자요 그리스도 예수 안에서 하나님께 대하여는 살아 있는 자로 여길지어다

죽음이 더 이상 예수님에 대한 통치권을 가지고 있지 않다면, 우리에 대한 통치권도 더 이상 가지고 있지 않은 것이 분명합니다. 왜냐하면 예수님께서 죽으셨을 때 우리도 그분과 함께 죽었기 때문입니다. 또한 예수님께서 일으켜지셨을 때 우리도 그분과 함께 일으켜졌습니다. 그리고 지금 우리는 새 생명 가운데 행하며 그분과 함께 왕 노릇합니다. 로마서 6:14을 보십시오. "죄가 너희를 주장하지 못하리니 이는 너희가 법 아래에 있지 아니하고 은혜 아래에 있음이라" 할렐루야! 죄는 더 이상 우리에 대한 통치권이 없습니다!

죄는 당신의 영에 대한 통치권도, 혼에 대한 통치권도,

몸에 대한 통치권도 가지고 있지 않습니다. 우리의 영을 넘어 혼과 몸에까지 죄의 효력이 미쳤었다면, 같은 이치로 우리의 영과 혼과 몸에 걸친 그 효력은 모두 제거된 것입니다.

이는 단지 죄의 행위만을 말하는 것이 아닙니다. 예를 들어 죽음의 시초인 질병은 죄로 인해 왔고, 죽음도 죄로 인해 왔으며, 실패 역시 죄로 인해 왔습니다. 이 모든 부정적인 것들이 전부 죄로 인해 온 것입니다. 그리고 사탄이 인간에 대해 주인 노릇하기 시작한 것도 죄 때문입니다. 그러므로 하나님의 말씀이 "죄가 너희를 주장하지 못하리니"라고 말할 때 그 의미는, 죄의 본성 및 죄의 모든 효력이 더 이상 당신을 지배하지 못한다는 뜻입니다.

당신이 거듭난 순간, 질병은 과거의 일이 됩니다. 우리의 계약 조건이 변합니다. 이사야는 시온에 대해 이야기하면서 "그 거주민은 내가 병들었노라 하지 아니할 것이라 거기에 사는 백성이 사죄함을 받으리라"(사 33:24)라고 말했습니다. 즉 그들은 그들의 죄악에 대해 용서를 받으므로, "나는 병들었다."라고 말하지 않을 것입니다. 우리가 그렇게 말하고 싶지 않다거나, 그렇게 느끼지 않는다거나, 그런 말을 철회하고 싶다거나, 아니면 그런 말을 하기가 두려워서가 아닙니다. 진짜 이유는, 질병이 더 이상 우리 삶의 일부가 아니기 때문입니다.

통치권이 회복되었습니다. 그래서 우리는 더 이상 스스로 병들었다고 선언함으로써 마귀의 통치권을 고백해서는 안 됩니다. 오히려 우리는 우리의 치유와 건강을 선언하시는 하나님의 말씀을 말해야 합니다.

통치의 영

> 딤후 1:7
> 하나님이 우리에게 주신 것은 두려워하는 마음spirit;영이 아니요 오직 능력power과 사랑과 절제하는 마음sound mind 이니
> For God hath not given us the spirit of fear; but of power, and of love, and of a sound mind (KJV)

하나님께서는 우리에게 능력의 영, 곧 통치의 영을 주셨습니다. 우리는 이 사실을 깨닫고, 통치의 영이 우리 안에서 일어나게 해야 합니다. 우리는 우리가 원하는 것만 받아들이며, 그것이 우리의 선을 위한 것이 아니라면 거절하는 법을 배우게 될 것입니다.

때로는 무엇을 해야 할지 어리둥절할 정도로 많은 일들이 우리를 압도합니다. 하지만 영 안에서 기도하고 하나님의 말씀을 공부한다면 당신은 영의 영역을 더 많이 의식하

게 되며, 그 영역에서는 불가능한 것이 없이 무엇이든 가능하게 됩니다.

나는 스미스 위글스워스Smith Wigglesworth의 이야기를 기억합니다. 한 여인이 방금 죽은 상황이었고, 사람들은 그에게 기도해봤자 소용없다고 말했습니다. 그러나 그는 기도하러 가겠다고 주장했습니다. 그들은 그녀를 장사지내고 싶었지만, 스미스는 "안 됩니다. 내가 기도하겠습니다."라고 거부하며 계속해서 기도했습니다. 그는 오랫동안 기도했는데, 나중에 말하기를 마치 그때 하나님께서 아니라고 말씀하시는 것 같았다고 했습니다. 기도하면 할수록 하나님께서는 더욱더 아니라고 말씀하시는 것 같았습니다. 그만하라고 말하는 사람도 있었지만, 그는 계속해서 기도했습니다. 성경은 하나님의 약속은 그리스도 안에서 "예"가 되며 그분 안에서 "아멘"이 된다고 말씀합니다(고후 1:20).

당신이 기도하지만 아무런 응답도 없는 것처럼 여겨질 때, 당신이 무엇을 잘못하고 있는지를 하나님의 말씀에서 찾아보십시오. 당신이 응답을 얻지 못한 이유를 찾으십시오. 사람들은 때로 충분히 오래 주장하지 않음으로 인해, 잃어버려서는 안 될 것을 잃어버렸습니다. 스미스 위글스워스도 기도했을 때 얼마 동안은 하나님께서 '아니다.' 라고 말씀하시는 것 같았지만, 계속해서 기도했습니다. 그리고 기도를 계속하는 중에 갑자기 영의 영역을 자각하게 되었습니다. 그의 영이 주도권을 잡자, 그는 이렇게 말했습니다. "그래! 그래! 그래! 그녀는 산다!" 그런 후 그녀를 벽쪽으로 옮겨 똑바로 세운 후 "예수의 이름으로 내가 명하노니, 걸어라!"라고 말했습니다. 그러자 그녀는 즉시 걷기 시작했습니다. 오, 기도는 보상받습니다! 기도하면 불가능한 일들이 가능하게 됩니다. 스미스 위글스워스는 나중에, 당신의 심령을 하나님의 말씀에 둘 때 당신의 인간의 영 안에서 통치의 영이 깨어나는 것에 대해 말했습니다.

또한 나는 어떤 여인에 대한 이야기를 들은 적이 있습니다. 목사님의 사모님이었던 그분은, 남편이 죽었다는 말을 듣게 되었습니다. 의사가 와서 남편의 사망을 확인시켜주었지만, 그녀는 기도를 포기하지 않았습니다. 얼마 동안 기도를 한 후, 그녀는 자리에서 일어나 시체에게로 다가갔습니다. 그녀의 남편은 건장한 남자였기 때문에 자연적으로는 그녀가 그를 옮길 수 없었습니다. 하지만 그녀는 남편을 들어 올려 일으켜 세웠고, 남편은 막대기처럼 꼿꼿이 서게 되었습니다. 그녀는 남편에게 매우 간단하게 예수 그리스도의 이름으로 살아날 것을 명했습니다. 그러자 남편의 몸이 즉시 따뜻해졌고, 그는 마침내 눈을 떴습니다. 그것이 바로 통치의 영입니다. 우리를 그리스도와 함께 일으키셨을 때 하나님께서는 만물을 우리 발아래에 두셨으며, 그러므로 우리는 만물을 다스릴 수 있습니다.

엡 2:4-7

긍휼이 풍성하신 하나님이 우리를 사랑하신 그 큰 사랑을 인하여 허물로 죽은 우리를 그리스도와 함께 살리셨고 (너희는 은혜로 구원을 받은 것이라) 또 함께 일으키사 그리스도 예수 안에서 함께 하늘에 앉히시니 이는 그리스도 예수 안에서 우리에게 자비하심으로써 그 은혜의 지극히 풍성함을 오는 여러 세대에 나타내려 하심이라

우리는 그리스도와 함께 일으킴을 받았고, 그분과 함께 보좌에 앉힌 바 되었습니다. 이제 우리는 그분과 함께 권세의 자리에 앉아 있으며, 이 시대만이 아니라 오는 시대에서도 영원히 그 자리에서 다스립니다. 우리는 통치하고 예배하는 삶으로 부름 받았습니다. 말씀이 아닌 그 어떤 것도 당신 삶의 환경을 다스리도록 허락하지 마십시오.

질병을 다스리기

롬 5:17

한 사람의 범죄로 말미암아 사망이 그 한 사람을 통하여 왕 노릇 하였은즉 더욱 은혜와 의의 선물을 넘치게 받는 자들은 한 분 예수 그리스도를 통하여 생명 안에서 왕 노릇 하리로다

통치권이 없이는 왕 노릇을 할 수 없습니다. 그러므로 위 구절은 사람들이 통치권을 갖게 될 것이라는 의미입니다.

값없이 주시는 의의 선물을 받은 자들이 예수 그리스도를 통하여 생명 안에서 다스릴 것입니다. 그렇다면 우리는 어떻게 생명 안에서 다스리게 될까요?

고전 15:24-25 (한글킹제임스)
그후에는 끝이 오리니 주께서 모든 정사와 모든 권세와 능력을 폐하시고 그 왕국을 하나님, 곧 아버지께 바칠 때라. 주께서 모든 원수를 자기 발 아래 두실 때까지 통치하셔야 하리니

우리는 예수님께서 모든 권능들을 정복하셨고 하늘과 땅 위와 땅 아래라는 세 가지 세상에서 절대적인 권세를 지니고 계신다는 사실을 이미 알고 있습니다.

그러나 사실 예수님은 더 이상 이 능력을 행사하실 수 없습니다. 왜냐하면 이미 이 권세를 우리에게 위임하셨기 때문입니다.

그런데 성경은, 예수님께서 지금 그의 몸으로 천상에 앉아계시는데도 불구하고 그분께서 통치하셔야 한다고 말합니다(고전 15:24-25).

그러면 예수님께서는 어떻게 통치하실까요? 그분은 그

분의 몸, 곧 교회를 통해서 통치하십니다. 당신과 저를 통해서, 어둠의 모든 세력들과 질병과 약함과 환경을 다스리고 계신 것입니다.

시 149:4-9
여호와께서는 자기 백성을 기뻐하시며 겸손한 자를 구원으로 아름답게 하심이로다 성도들은 영광 중에 즐거워하며 그들의 침상에서 기쁨으로 노래할지어다 그들의 입에는 하나님에 대한 찬양이 있고 그들의 손에는 두 날 가진 칼이 있도다 이것으로 뭇 나라에 보수하며 민족들을 벌하며 그들의 왕들은 사슬로 그들의 귀인은 철고랑으로 결박하고 기록한 판결대로 그들에게 시행할지로다 이런 영광은 그의 모든 성도에게 있도다 할렐루야

이 구절에서는 마귀와 그의 무리들이 왕과 귀인이라고 언급됩니다. 그들은 이미 판결 받고 정복되었습니다. 성도들은 이 판결을 행사해야 합니다.

사 49:8-9
여호와께서 이같이 이르시되 은혜의 때에 내가 네게 응답하였고 구원의 날에 내가 너를 도왔도다 내가 장차 너를 보호하여 너를 백성의 언약으로 삼으며 나라를 일으켜 그

들에게 그 황무하였던 땅을 기업으로 상속하게 하리라 내가 잡혀 있는 자에게 이르기를 나오라 하며 흑암에 있는 자에게 나타나라 하리라 그들이 길에서 먹겠고 모든 헐벗은 산에도 그들의 풀밭이 있을 것인즉

이 구절은 우리에 대해 말하고 있습니다. 이것이 바로 통치입니다. 하나님께서는 그 백성에게 우리를 언약으로 주셨습니다. 잡혀 있는 자들과 흑암에 있는 자들은 마귀에게 묶였던 자들이며, 그들을 마귀의 속박으로부터 풀어줄 자는 바로 우리입니다. 우리는 생명 안에서 통치하도록 지명되었습니다. 예수님께서는 우리를 통해서 이 땅에서 통치하고 계십니다. 할렐루야!

14

하나님의 말씀의 영향력
The Influence of the Word of God

하나님께서는 그분의 말씀을 통해서 우리를 도우십니다. 당신은 하나님의 말씀을 이해해야 하며, 또한 하나님의 말씀은 인격체라는 진리를 깨달아야 합니다. 하나님께서는 단순히 하나의 메시지뿐만 아니라, 그분 자신의 생명과 그분의 생각과 그분의 영향력 등 여러 가지를 통해 우리를 도우십니다. 단지 하나님의 말씀에 귀를 기울이는 것만으로도 성격 전체가 형성될 수 있습니다. 하나님의 말씀은 많은 경우에 당신에게 무의식적으로 영향을 미칩니다. 하나님께서는 단지 기록된 문자만이 아니라 성령을 통해서 우리를 인도하십니다.

주 예수님께서는 "내가 너희에게 이른 말은 영이요 생명이라"(요 6:63)라고 말씀하셨습니다. 예수님의 말씀에는 생명이 담겨 있습니다. 말씀이 곧 생명입니다. 말씀은 하나님의 본질을 담고 있습니다. 하나님의 말씀은 하나님께로부터 나옵니다. 따라서 하나님의 말씀은 하나님의 본질을 담고 있습니다. 하나님의 말씀은 하나님의 권능과 능력을 담고 있습니다. 하나님의 말씀은 모든 상황이나 장애를 이깁니다. 하나님의 말씀은 우리의 생명과 몸은 물론 우리와 관계된 모든 것에 영향을 끼칠 수 있는 능력을 가지고 있습니다.

> 요일 5:4 (한글킹제임스)
> 이는 하나님께로부터 태어난 자는 **누구든지**|whatsoever;무엇이든지 세상을 이기기 때문이라. 세상을 이기는 승리는 이것이니, 곧 우리의 믿음이라

세상을 이기기 위해서 당신은 이 세상의 신과 시스템을 이겨야 합니다. 당신은 그 시스템 자체를 세운 자를 이겨야 합니다. 여기에서 사용된 단어는 '누구든지whosoever'가 아니라 '무엇이든지whatsoever'입니다. '누구든지'는 인격체를 가리킵니다. 그러나 '무엇이든지'는 하나님에게서 나온 모든 것을 가리킵니다. 그것은 한 마디 말이나 문장일 수도 있습니다. 하나님으로부터 나오는 것은 무엇이든 마귀를 이깁니다. 당신은 하나님의 말씀을 취하여서 그것을 소리 내어 말할 수 있습니다. 악한 자를 마비시키는 데에는 단

한 문장이면 충분합니다. 이런 이유로 우리는 자신을 위해 하나님의 말씀을 배워야만 합니다. 그래야 우리 것을 주장할 수도 있고, 또한 우리를 위한 하나님의 계획에서 벗어난 것도 거부할 수 있습니다. 우리는 하나님에 대해 개인적인 계시가 있어야 합니다.

말씀을 당신의 심령 안에 심어라

막 4:26-29
또 이르시되 하나님의 나라는 사람이 씨를 땅에 뿌림과 같으니 그가 밤낮 자고 깨고 하는 중에 씨가 나서 자라되 어떻게 그리 되는지를 알지 못하느니라 땅이 스스로 열매를 맺되 처음에는 싹이요 다음에는 이삭이요 그 다음에는 이삭에 충실한 곡식이라 열매가 익으면 곧 낫을 대나니 이는 추수 때가 이르렀음이라

이 사람이 해야 할 일은 무엇이었습니까? 씨앗을 심는 것이었습니다. 씨앗이 어떻게 자라는지는 그의 일이 아니었습니다. 그 땅은 당신이 심은 씨앗이 자라도록 완벽하게 갖추어져 있습니다. 인간의 심령도 그러합니다. 인간의 심령은 하나님의 말씀이 심겨지기에 알맞은 장소이자 환경입니다. 하나님의 말씀을 당신의 심령 안에 심으면, 그 말

씀은 결과를 생산해냅니다. 그저 종이 위에 놓여 있는 것은 말씀이 결과를 생산해내기에 적합한 환경이 아닙니다.

하나님의 말씀이 책 속에만 머문다면 그 누구도 치유할 수 없습니다. 말씀을 베개 밑이나 서재에만 모셔둔다면, 그 말씀은 역사하지 않을 것입니다. 그러나 하나님의 말씀이 기록된 종이로부터 취해져서 인간의 심령 안에 심겨진다면, 그 말씀은 결과를 생산해낼 것입니다. 치유에 관한 말씀이라면 치유를 생산해낼 것입니다. 번영에 관한 말씀이라면 번영을 생산해낼 것입니다. 힘에 관한 말씀이라면 당신에게 힘을 줄 것입니다. 영원한 생명에 관한 말씀이라면, 그 말씀을 듣고 받아들이는 사람은 영원한 생명을 얻을 것입니다. 하나님의 말씀은 이렇게 역사합니다. 그 과정에서 당신은 "할" 일이 아무것도 없습니다. 당신이 해야 할 일은 오직 그 말씀을 듣고 심령 안으로 받아들여, 말씀이 그곳에 머물도록 유지하는 것입니다. 그러면 말씀은 머지않아 결과를 생산해낼 것입니다.

> 잠 4:20-22
> 내 아들아 내 말에 주의하며 내가 말하는 것에 네 귀를 기울이라 그것을 네 눈에서 떠나게 하지 말며 네 마음 속에 지키라 그것은 얻는 자에게 생명이 되며 그의 온 육체의 건강이 됨이니라

위 구절에서 하나님께서는 그분의 말씀에 대한 강한 갈망과 동기를 가지라고 말씀하십니다. 당신의 심령을 항상 하나님의 말씀에 노출시키십시오. 그렇게 하면, 하나님의 말씀은 당신의 몸 상태에 영향을 끼칠 것입니다. 하나님의 말씀은 그 말씀을 얻는 자에게 생명이 되며 그의 온 육체에 건강이 됩니다. 여기에서 건강에 해당되는 또 다른 단어는 '약medicine'입니다. 하나님의 말씀은 당신의 몸에 건강과 치유를 가져오는 약입니다.

그가 그의 말씀을 보내어 그들을 고치시고

성경은 시편 107편에서 우리에게 아주 중요한 것을 가르쳐줍니다. 이 구절은 사람들이 때로 고통을 당하는 이유를 우리에게 알려줍니다.

> 시 107:17-20
> 미련한 자들은 그들의 죄악의 길을 따르고 그들의 악을 범하기 때문에 고난을 받아 그들은 그들의 모든 음식물을 싫어하게 되어 사망의 문에 이르렀도다 이에 그들이 그들의 고통 때문에 여호와께 부르짖으매 그가 그들의 고통에서 그들을 구원하시되 그가 그의 말씀을 보내어 그들을 고치시고 위험한 지경에서 건지시는도다

하나님께서는 그분의 말씀으로 고치십니다. 하나님께서는 그분의 말씀을 보내어 그들을 고치셨습니다. 질병은 분명히 고통스러운 것입니다. 질병은 사람들로 하여금 입맛을 잃게 하고 그들의 먹을 권리를 빼앗으며, 거의 죽게 만듭니다. 그러나 하나님의 말씀은 이런 상황으로부터 그를 끄집어낼 수 있습니다.

성경이 하나님께서 그분의 손을 뻗치셔서 그들을 고치셨다고 말씀하지 않고, 그분의 말씀을 보내셔서 그들을 고치셨다고 말씀한다는 사실에 주목하십시오. 할렐루야! 당신은 때로 사람들이 하나님께 손을 뻗쳐서 무언가를 해달라고 기도한다는 사실을 알고 있습니다. 그러나 그들은 하나님의 뻗친 팔이 무엇인지 알지 못합니다. 하나님의 뻗친 팔은 그분의 말씀입니다. 그리고 하나님께서는 이미 그분의 말씀을 우리에게 주셨습니다.

예수님께서 어떻게 치유하셨습니까? 그분의 말씀으로 고치셨습니다. 예수님께서는 중풍병자에게 "일어나 네 침상을 가지고 집으로 가라"라고 말씀하셨습니다(마 9:6). 죽은 소녀에게는 "소녀야, 일어나라!"라는 뜻의 "달리다굼"이라고 말씀하셨고(막 5:41), 나사로에게는 "나오라!"라고 명하셨으며(요 11:43), 로마의 백부장은 예수님께 "다만 말씀으로만 하옵소서 그러면 내 하인이 낫겠사옵나이다"라고 말씀드렸습니다(마 8:8). 아직 회심하지 않았을 때의 베드로도 예수님의 말씀 안에 담긴 권능을 알고 "말씀에 의지하여 내가 그물을 내리리이다"라고 말했습니다(눅 5:5).

하나님께서는 그분의 말씀으로 고치십니다. 그러므로 말씀의 바른 가르침을 접하면 접할수록, 당신은 치유를 구할 필요가 없어짐을 발견하게 될 것입니다. 왜냐하면 건강이 당신의 몸 안에서 유지되고 있기 때문입니다(잠 4:20-22).

어떤 그리스도인들은 매우 아프지만, 아픈 이유를 알지 못합니다. 집회에 참석했던 한 여인이 있었습니다. 그녀는 소아마비가 악화되어 더 이상 손과 다리를 쓸 수가 없었습니다. 게다가 그녀에게는 똑같이 소아마비를 앓고 있는 여섯 살 난 딸이 있었습니다. 집회가 계속되는 중에 그녀의 남편이 그 모녀를 치유 받게 하려고 데려왔습니다. 병자를 위한 기도 시간에 여섯 살 난 딸이 엄마의 무릎에서 뛰쳐나와 달리기 시작했습니다. 그 아이는 즉시 치유를 받았습니다.

그런데 흥미롭게도, 아이의 엄마는 치유를 받지 못했습니다. 사역자는 그녀에게 치유를 받아들이는 것에 대해 이야기하면서, 그녀도 그녀의 딸처럼 치유 받을 수 있었다는 것을 알려 주었습니다. 그러나 그녀는 이렇게 말했습니다. "오, 저는 하나님께서 언젠가는 그렇게 하실 것을 믿어요." 그로부터 4년 후, 치유에 관한 어떤 사역자의 테이프를 어느 정도 들은 후 그녀는 치유를 받았습니다. 그러나 그녀는

4년 전부터 치유를 받을 수 있었습니다. 그런데도 4년이 지난 후에야 치유 받았습니다. 그녀가 말씀을 통해서 자신이 나은 것을 보는 데에 그렇게 긴 시간이 걸렸습니다.

말씀이 믿음을 가져온다

> 고후 5:7
> 이는 우리가 믿음으로 행하고 보는 것으로 행하지 아니함이로라

이것이 바로 말씀이 우리에 대해 선언하는 바입니다. 우리는 믿음으로 행하려고 애쓰는 자가 아니라, 믿음으로 행하는 자들입니다.

> 롬 10:17
> 그러므로 믿음은 들음에서 나며 들음은 그리스도의 말씀으로 말미암았느니라

하나님의 말씀이 믿음을 가져옵니다. 그리고 믿음은 우리 삶에서 매우 중요한 부분입니다. 왜냐하면 믿음이 없이는 하나님을 기쁘시게 하는 것이 불가능하기 때문입니다(히 11:6).

바울이 루스드라라는 성읍에서 말씀을 전하고 있는데, 발에 기운이 없어 땅바닥에 앉아서 지내는 사람이 그곳에 있었습니다(행 14:7-10). 그는 발에 힘이 전혀 없었고, 모태에서부터 불구였기에 도움이 없이는 걸을 수 없었습니다. 그러나 그는 바울이 예수 이름의 복음을 전할 때 그 말에 귀를 기울였습니다.

> 행 14:9
> 바울이 말하는 것을 듣거늘 바울이 주목하여 구원 받을 만한 믿음이 그에게 있는 것을 보고

이 사람은 나이가 벌써 40살 정도가 되었고, 평생 한 번도 걸어 본 적이 없었습니다. 나는 바울이 이사야 53장에서 말씀을 전했을 것이라 생각합니다. "그가 찔림은 우리의 허물 때문이요 그가 상함은 우리의 죄악 때문이라 그가 징계를 받으므로 우리는 평화를 누리고 그가 채찍에 맞으므로 우리는 나음을 받았도다"(사 53:5)

그러자 그는 그 메시지에 즉시 반응했습니다. 그의 심령에서 믿음이 활성화되었습니다. 바울은 그를 보고, 그가 치유 받을 만한 믿음이 있다는 사실을 알아차렸습니다.

복음을 들었을 때 그에게 믿음이 왔습니다. 바울은 그를 위해서 기도할 필요도 없었습니다. 어떤 절차도 어떤 의식

도 없이, 그저 예수님에 대한 복음을 전하고, 그 이름에 생명이 있다는 것을 모든 이들에게 이야기했을 뿐이었습니다. 바울은 그 이름 안에 구원과 치유와 건강이 있다는 것을 이미 말하고 있었습니다. 그리고 바울은 그들에게 무엇이든 이전에는 할 수 없었던 일을 하라고 분명히 말했을 것입니다. 그러자 그 불구자가 반응했습니다. "그렇습니다, 저는 이제 예수의 이름으로 걸을 수 있어요!" 믿음은 들음으로 말미암으며, 그 듣는 것이나 행하는 것이나 보는 것은 모두 하나님의 말씀으로 말미암은 것입니다.

그런데 당신은 하나님의 모든 참된 자녀들에게는 믿음이 있다는 사실을 알고 있습니까?

성경은 로마서 12:3에서 "하나님께서 각 사람에게 나누어 주신 믿음의 분량"에 대해 말씀합니다. 하나님께서 거듭난 우리에게 믿음의 분량the measure of faith을 나누어주셨다면, 회심하지 않은 자들에게는 믿음이 없는 것입니다.

믿음은 하나님의 말씀에 대한 인간의 영의 반응입니다. 믿음은 감각으로는 이해할 수 없습니다. 그렇기 때문에 당신은 세상의 모든 사전을 연구해도 믿음에 대한 적절한 정의를 찾을 수 없는 것입니다. 감각의 사람들은 믿음이 무엇인지 알지 못하기 때문입니다.

하나님께서는 우리 각자에게 믿음의 분량을 주셨습니다. 그리고 우리가 하나님의 말씀을 공부하고 그 말씀을 향해 심령을 열면, 우리의 믿음은 더욱 건축됩니다. 이런 이유로 우리는 반드시 하나님의 말씀으로 바르게 가르침을 받아야 하는 것입니다.

아시다시피, 잘못된 가르침에는 너무나 많은 불신앙과 무지가 있습니다. 그래서 잘못된 가르침을 받으면 잘못 생각하고, 잘못 믿고, 잘못 말하게 되며, 결국 잘못 살게 됩니다. 그러나 바른 가르침을 받으면 바르게 믿고, 바르게 생각하며, 바르게 말하고, 바르게 살게 됩니다. 하나님의 말씀을 깨달으면 보상이 따라옵니다. 하나님의 왕국은 관찰로 되는 것이 아닙니다. 우리는 보는 것이 아니라, 믿음으로 행합니다.

저자에 대하여

크리스 오야킬로메 목사님(Chris Oyakhilome, Ph.D)은 지난 25년간 목사, 교사, 치유 사역자, 베스트셀러 작가로 사역해 왔습니다. 그는 아프리카에서 가장 큰 교회 중 하나이자 5개 대륙에 걸쳐 세워진 크라이스트 앰버시(Christ Embassy) 교회의 총재로서, 학원 사역에도 깊이 관여하고 있으며, 그가 치유 사역과 함께 하나님의 말씀을 가르친 일일 철야 집회에서는 350만 명이 참여한 바 있습니다. 또한 사모님인 애니타 목사님과 함께 『약속의 땅』, 월간 『말씀의 실재』 등 많은 책을 저술했습니다.

그뿐만 아니라 크리스 목사님은 방송 사역을 통하여 수백만의 사람들이 하나님의 말씀 안에서 삶의 의미와 승리를 경험하도록 돕고 있습니다. 2003년에는 아프리카는 물론 유럽 전역에서도 시청할 수 있는 TV 방송국을 개설했으며, 여러 시청자들은 인기 프로그램인 "기적의 분위기(Atmosphere for Miracles)"를 통해 하나님의 임재를 체험하고 있습니다. 세계적으로 잘 알려진 "치유 학교(Healing School)"에는 많은 불치병 환자들이 찾아와 예수 그리스도의 이름으로 치유를 받고 있으며, 목사님은 많은 사람들이 성령의 은사를 통해 치유와 기적을 받아들일 수 있도록 돕고 있습니다.

믿음의 말씀사 출판물

믿음의말씀사에서 발행되는 모든 도서는 본사에서 직영판매하며,
본사 대표전화 또는 홈페이지를 통해서 구입이 가능합니다.
구입문의 : 031-8005-5483 / 5493   http://faithbook.kr

■ 케네스 해긴의 「믿음 도서관」 책들

문고판(소책자)

- 그리스도 안에서 | 값 1,000원
- 새로운 탄생 | 값 1,000원
- 재정 분야의 순종 | 값 1,000원
- 나는 지옥에 갔다 왔습니다 | 값 1,000원
- 하나님의 처방약 | 값 1,000원
- 더 좋은 언약 | 값 1,000원
- 예수의 보배로운 피 | 값 1,000원
- 하나님을 탓하지 마십시오 | 값 1,000원
- 네 주장을 변론하라 | 값 1,000원
- 셀 모임에서 성령인도 받기 | 값 1,000원
- 안수 | 값 1,000원
- 치유를 유지하는 법 | 값 1,000원
- 사랑은 결코 실패하지 않습니다 | 값 1,000원
- 하나님께서 내게 가르쳐 주신 형통의 계시 | 값 1,000원
- 왜 능력 아래 쓰러지는가? | 값 1,000원
- 다가오는 회복 | 값 1,000원
- 잊어버리는 법을 배우기 | 값 1,000원
- 위대한 세 단어 | 값 1,000원
- 하나님의 은사와 부르심 | 값 1,000원
- 그 이름은 "놀라우신 분" | 값 1,000원
- 우리에게 속한 것을 알기 | 값 1,000원
- 방언기도의 능력을 풀어 놓으라 | 값 1,200원
- 말 | 값 1,200원
- 성령을 받는 성경적인 방법 | 값 1,200원
- 하나님의 영광 | 값 1,200원
- 은혜 안에서의 성장을 방해하는 다섯 가지 | 값 1,200원
- 사랑 가운데 걷는 법 | 값 1,200원
- 바울의 계시: 화해의 복음 | 값 1,200원
- 당신은 당신이 말하는 것을 가질 수 있습니다 | 값 1,200원
- 옳은 사고방식 틀린 사고방식 | 값 2,000원
- 속량 – 가난, 질병, 영적 죽음에서 값 주고 되사다 | 값 2,000원
- 네 염려를 주께 맡겨라 | 값 2,000원
- 예언을 분별하는 일곱 단계 | 값 2,000원
- 절망적인 상황을 반전시키기 | 값 2,000원
- 당신의 믿음을 풀어 놓는 법 | 값 2,000원
- 진짜 믿음 | 값 2,000원

국판

- 믿음이란 무엇인가 | 값 2,500원
- 그리스도께서 지금 하고 계시는 일 | 값 2,500원
- 충분하고도 넘치는 하나님 엘 샤다이 | 값 2,500원
- 금식에 관한 상식 | 값 2,500원
- 하나님의 말씀 : 모든 것을 고치는 치료제 | 값 3,000원
- 가족을 섬기는 법 | 값 3,000원
- 조에 | 값 4,000원
- 당신이 알아야 하는 신유에 관한 일곱 가지 원리 | 값 5,000원
- 여성에 관한 질문들 | 값 5,000원
- 인간의 세 가지 본성 | 값 5,500원
- 몸의 치유와 속죄 | 값 6,000원
- 크게 성장하는 믿음 | 값 6,000원
- 하나님 가족의 특권 | 값 6,500원
- 기도의 기술 | 값 7,000원
- 나는 환상을 믿습니다 | 값 7,000원
- 병을 고치는 하나님의 말씀 | 값 7,000원
- 영적 성장 | 값 7,000원
- 신선한 기름부음 | 값 7,000원
- 믿음이 흔들리고 패배한 것 같을 때 승리를 얻는 법 | 값 7,000원
- 믿음의 선한 싸움을 싸우는 법 | 값 7,000원
- 하나님의 계획과 목적과 추구 | 값 8,000원
- 예수 열린 문 | 값 8,000원
- 믿음의 계단 | 값 8,500원
- 당신을 향한 하나님의 계획 | 값 8,500원
- 역사하는 기도 | 값 9,000원
- 기름부음의 이해 | 값 9,000원
- 내주하시는 성령 임하시는 성령 | 값 9,000원
- 재정적인 번영에 대한 성경적 열쇠들 | 값 9,000원
- 어떻게 하나님의 영으로 인도받을 수 있는가? | 값 10,000원
- 마이더스 터치 | 값 10,000원
- 치유의 기름부음 | 값 10,000원
- 그리스도의 선물 | 값 12,000원
- 방언 | 값 12,000원
- 믿는 자의 권세(생애기념판) | 값 13,000원
- 믿음의 양식 | 값 13,000원
- 승리하는 교회 | 값 15,000원

■ E. W. 케년

- 십자가에서 보좌까지 무슨 일이 일어났는가? | 값 12,000원
- 두 가지 의 | 값 7,000원
- 놀라우신 그 이름 예수 | 값 7,000원
- 하나님 아버지와 그분의 가족 | 값 12,000원
- 나의 신분증 | 값 4,000원
- 두 가지 생명 | 값 11,000원
- 새로운 종류의 사랑 | 값 6,000원

▪ 스미스 위글스워스

- 승리하는 믿음 | 값 4,000원
- 스미스 위글스워스의 천국 | 값 11,000원
- 스미스 위글스워스의 매일묵상 | 값 20,000원
- 위글스워스는 이렇게 했다 | 피터 J. 매든 지음 · 값 9,000원
- 스미스 위글스워스의 능력의 비밀 | 피터 J. 매든 지음 · 값 7,000원

▪ T. L. 오스본

- 행동하는 신자들 | 값 4,000원
- 기적 – 하나님 사랑의 증거 | 값 4,500원
- 새롭게 시작하는 기적 인생 | 값 8,000원
- 좋은 인생 | 값 13,000원
- 성경적인 치유 | 값 10,000원
- 능력으로 역사하는 메시지 | 값 12,000원
- 100개의 신유 진리 | 값 1,000원
- 24 기도 원리 7 기도 우선순위 | 값 1,000원
- 하나님의 큰 그림 | 값 5,500원

▪ 잔 오스틴

- 믿음의 말씀 고백기도집
- 하나님의 사랑의 흐름
- 견고한 진 무너뜨리기
- 초자연적인 흐름을 따르는 법
- 당신의 운명을 바꿀 수 있습니다
- 어떻게 하나님의 능력을 풀어놓을 수 있는가?

▪ 크리스 오야킬로메

- 방언기도학교 31일 | 값 2,500원
- 여기서 머물지 말라 | 값 2,500원
- 이제 당신이 거듭났으니 | 값 1,500원
- 당신의 인생을 재창조하라 | 값 2,000원
- 이 마차에 함께 타라 | 값 5,000원
- 그리스도 안에 있는 당신의 권리 | 값 2,500원
- 당신의 치유를 유지하기 | 값 500원
- 성령님과 당신 | 값 2,500원
- 방언의 능력 | 값 1,000원
- 성령님이 당신 안에서 행하실 일곱 가지 | 값 3,500원
- 성령님이 당신을 위해 행하실 일곱 가지 | 값 3,000원
- 기적을 받고 유지하는 법 | 값 2,500원
- 하나님께서 당신을 방문하실 때 | 값 3,500원
- 올바른 방식으로 기도하기 | 값 2,500원
- 당신의 믿음을 역사하게 하는 법 | 값 5,000원
- 끝없이 샘솟는 기쁨 | 값 1,500원
- 기름과 겉옷 | 값 4,000원
- 약속의 땅 | 값 8,000원

- 하나님의 일곱 영 | 값 5,000원
- 예언 | 값 4,000원
- 시온의 문 | 값 4,000원
- 하늘에서 온 치유 | 값 10,000원
- 효과적으로 기도하는 법 | 값 6,500원
- 어떤 질병도 없이 | 값 6,000원

앤드류 워맥

- 당신은 이미 가졌습니다 | 값 11,000원
- 은혜와 믿음의 균형 안에 사는 삶 | 값 11,000원
- 하나님은 당신이 건강하기 원하십니다 | 값 10,000원
- 영 · 혼 · 몸 | 값 8,500원
- 전쟁은 끝났습니다 | 값 11,000원
- 믿는 자의 권세 | 값 12,000원
- 새로운 당신과 성령님 | 값 6,500원
- 노력 없이 오는 변화 | 값 10,000원

기타 「믿음의 말씀」 설교자들

- 성령의 삶 능력의 삶 | 데이브 로버슨 지음 · 값 13,000원
- 복을 취하는 법 | R.R. 쏘아레스 지음 · 값 5,500원
- 주는 자에게 복이 되는 선물 | R.R. 쏘아레스 지음 · 값 6,000원
- 믿음으로 사는 삶 | 코넬리아 나줌 지음 · 값 6,000원
- 붉은 줄의 기적 | 리차드 부커 지음 · 값 10,000원
- 당신이 말한 대로 얻게 됩니다 | 돈 고셋 지음 · 값 10,000원
- 예수−치유의 길 건강의 능력 | 월포드 H. 리트 지음 · 값 11,000원
- 믿음과 고백 | 찰스 캡스 지음 · 값 12,000원
- 임재 중심 교회 | 테리 테이클/린 폰더 지음 · 값 11,000원
- 성령충만한 그리스도인의 지침서 | 데릭 프린스 지음 · 값 30,000원

김진호 · 최순애

- 왕과 제사장 | 김진호 지음 · 값 6,500원
- 새로운 피조물의 실재 | 김진호 지음 · 값 9,000원
- 믿음의 반석 | 최순애 지음 · 값 12,000원
- 새 언약의 기도 | 최순애 지음 · 값 8,000원
- 새로운 피조물 고백기도집 | 최순애 지음 · 값 4,500원
- 성령 인도 | 최순애 지음 · 값 7,000원
- 복음의 신조 | 최순애 지음 · 값 8,000원
- 존중하는 삶 | 최순애 지음 · 값 8,000원